SITUATION

DES

CLASSES OUVRIÈRES

PAR M. THÉOD. FIX.

Extrait du JOURNAL DES ÉCONOMISTES, cahier de décembre 1844.

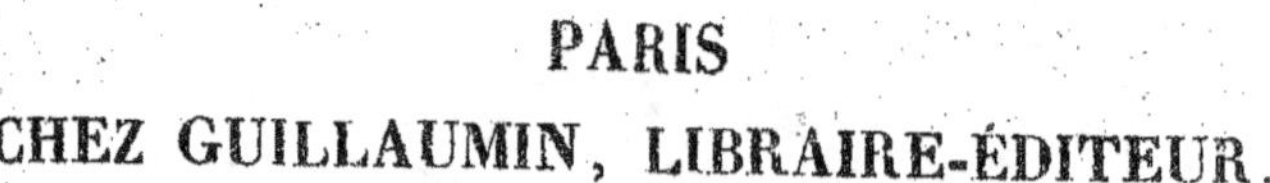

PARIS

CHEZ GUILLAUMIN, LIBRAIRE-ÉDITEUR,

RUE RICHELIEU, 14, AU 2me.

1844

SITUATION DES CLASSES OUVRIÈRES.

Rien n'est plus difficile que l'appréciation exacte des faits sociaux. Chacun les examine du point de vue de ses intérêts, de ses affections, et en explique ainsi les conséquences et la portée. Ces sentiments individuels se groupent, se propagent, et forment quelquefois l'opinion publique. Comme chaque époque tend invariablement à avoir une préoccupation exclusive, cette préoccupation réagit sur tous les phénomènes, sur tous les actes de la vie sociale. Sous l'Empire, la guerre, la victoire et la conquête étaient la base d'une foule de combinaisons et le mobile d'une infinité d'actions qui n'existent plus dans la société actuelle. On sacrifiait alors à la gloire et à l'ambition la population virile du pays; on voyait périr des milliers d'hommes sans qu'il y eût pour eux un sentiment réel de pitié. Quand le fer, la faim et le froid moissonnaient nos armées, les regrets publics prenaient leur source plutôt dans l'humiliation de la défaite que dans la dramatique et terrible misère des individus. La faim, les maladies et la mort disparaissaient devant des considérations d'une autre nature; l'industrie, le commerce, l'agriculture étaient relégués sur le second et sur le troisième plan. On ne s'occupait guère de la condition des travailleurs, et la misère des classes laborieuses passait inaperçue. Les victimes seules connaissaient le mal, et nul ne s'inquiétait d'y appliquer des remèdes. La guerre était la grande affaire du temps, et une bataille gagnée ou perdue dominait toutes les questions sociales et économiques.

Quand une ère pacifique succéda à la période de l'Empire, cette heureuse transition produisit un tel changement dans la situation matérielle des populations, qu'elles crurent trouver une vie nouvelle. Les désastres de la guerre furent rapidement effacés. Une prodigieuse activité se manifesta dans tous les travaux. L'industrie, le commerce et l'agriculture trouvèrent des éléments de succès, uniquement dans le calme et la tranquillité. On sortait d'une phase tellement néfaste, que personne ne songeait à se plaindre, et lorsque les armées ennemies eurent quitté le territoire français, le pays croyait être dans des conditions de prospérité et d'aisance inaltérables. L'activité nationale avait un nouvel aliment, chacun se tournait vers le travail et se livrait à la production; en un mot, le système industriel avait succédé au système guerrier. On étudia les phénomènes de cette situation; on observa la marche des faits, leur influence et leurs conséquences probables pour la nation et même pour le genre humain. On cherchait à établir les avantages et les inconvénients de cette vie nouvelle. On fit intervenir dans ces études la science économique et des préceptes qui avaient à peine vu le jour. Les uns voyaient dans la concurrence un puissant moyen pour le développement de toutes nos facultés productives. La multiplication et le bon marché des denrées et des marchandises étaient, selon eux, le grand problème du temps. Ce problème approchait chaque jour davantage de sa solution sous l'égide de la paix et de la science économique. L'association et l'emploi rationnel des capitaux jouèrent un rôle immense dans cette régénération sociale. Certaines industries se concentrèrent dans les villes. Le principe de la division du travail fut appliqué sur la plus vaste échelle, et de grandes manufactures réunissaient dans leurs ateliers des milliers d'ouvriers. Nous suivions l'exemple de l'Angleterre, qui pendant les guerres continentales avait donné chez elle un essor prodigieux à tous les genres de production. Maîtresse des mers, elle s'était créé pendant le blocus continental, dans ses possessions coloniales en Amérique, en Afrique et en Asie, d'immenses débouchés. Les ressources de son commerce extérieur avaient contribué à soutenir chez elle le fardeau de la guerre. La mer, redevenue libre à la paix, conviait nos manufacturiers à se présenter sur les marchés étrangers. Nous entrâmes en concurrence avec l'Angleterre et avec d'autres producteurs. Ce n'était pas seulement aux besoins de l'intérieur que nous cherchions à répondre, nous allions encore au-devant de ceux des nations étrangères, et nous avions pour compétiteurs les plus habiles marchands du monde. La situation nouvelle des sociétés européennes nous entraînait irrésistiblement dans cette voie. Il était impossible de rester en dehors de ce mouvement, et de ne point participer à cette activité générale et pacifique qui succéda au bruit des armes et au carnage des champs de bataille. Ce mouvement était d'ailleurs spontané. On était sorti des étreintes du travail organisé, c'est-à-dire des corporations, des maîtrises et des jurandes. Chacun appliquait ses facultés et sa fortune aux travaux qui promettaient le plus de profit, et des tendances individuelles, uniformes, vinrent se confondre dans un fait général.

Ce fait sans doute est complexe, puisqu'il résume tout un état social. Bienfaisant dans son ensemble, il froisse des individualités, et compromet dans son mouvement périodique quelques existences qui contribuent à sa génération. Il n'en a pas fallu davantage pour accuser l'industrie moderne d'engendrer la misère, pour voir dans les grandes manufactures une source de privations et de déceptions pour les travailleurs, et même pour reprocher aux riches et aux entrepreneurs d'être sans pitié et sans entrailles pour l'ouvrier. Cette accusation est grave, et à force d'être répétée, même par des gens sérieux, elle s'est élevée au rang d'une question sociale. Comme on n'a plus à déplorer les misères de l'esclavage, de la servitude, de la guerre, on s'appesantit sur la misère des classes laborieuses. Cette misère, dont on ne signale ni l'étendue ni l'intensité, est un grief qu'on impute tour à tour à la société et au gouvernement. On a proposé, pour y remédier, les moyens les plus divers et les plus étranges. L'examen et l'application de ces moyens sont devenus d'importants problèmes ; et plus ces moyens trouvent de difficultés dans leur application, et plus on assombrit le tableau de la misère nationale, du malaise des ouvriers et de la souffrance du peuple. Toute une école s'est donné cette mission ; mais jusqu'à présent elle n'a fait que dresser son acte d'accusation, et ses moyens pratiques sont encore à naître.

Le comte Joseph de Maistre a fait une description sombre et redoutable de la vie du sauvage. Il a montré celui-ci avec ses passions furieuses, avec ses appétits effrénés, avec ses instincts grossiers et féroces ; ignorant, brutal, abandonné de Dieu et de la nature, sous le coup du péché originel et des anathèmes célestes ; exposé à la faim, à la soif, à la maladie et à toutes les misères d'une race maudite. Ce tableau est bien opposé aux séduisantes descriptions que donnent Juan Fernandez, Anson, Dampier et tant d'autres navigateurs, des populations des îles de l'Océan Pacifique. Le philosophe s'était placé à un autre point de vue que le marin ; et, au bout du compte, si l'on ne veut considérer que le bonheur terrestre et matériel, pour nous servir des expressions d'un écrivain célèbre, les « belles habitantes d'Otaïti étaient peut-être plus heureuses, avec leurs danses et leurs chœurs, que leurs filles qui vont au prêche, et qui controversent du matin au soir avec les missionnaires méthodistes. » Qui n'a entendu vanter la douceur et la félicité des Caraïbes ? N'a-t-on pas trouvé parmi les sauvages de l'Amérique, que la civilisation européenne a fini par exterminer, des tribus douces et pacifiques qui offraient souvent de touchants exemples de piété et d'humanité ? Voilà donc le même état social jugé bien diversement par des hommes dont les paroles ne manquent pas d'autorité. Si nous prenons les exemples que nous avons sous les yeux, nous trouvons les mêmes contradictions. Un citadin, et surtout un socialiste, qui se trouverait tout à coup transporté, non pas dans une manufacture de coton ou de drap, mais au milieu des montagnes de l'Auvergne, porterait sur les habitants de la France centrale le même jugement que le comte de Maistre a rendu contre la race sauvage : il ne verrait là que misère affreuse et dégradation profonde. S'il était écrivain ou réformateur, il tracerait un tableau effrayant de cette race montagnarde, qui a cependant de la peine à changer ses goûts et ses mœurs quand elle est transplantée au sein des villes. Sans doute, si l'observateur qui visite ces régions est soumis lui-même tout à coup au régime qui lui inspire une sorte d'horreur, il sera très-enclin à mesurer la situation des autres sur la sienne propre. Les sensations et les privations qu'il éprouvera lui-même l'entraîneront dans de singulières erreurs, et il oubliera que les hommes qui font l'objet de sa compassion n'ont jamais connu d'autre état ; qu'ils sont habitués à une nourriture grossière, à des vêtements pour ainsi dire primitifs, et qu'ils ne songent point à rendre plus commodes leurs habitations où ils sont quelquefois confondus avec le bétail. Le pain noir qui lui causera des nausées est mangé avec appétit par ceux qui l'ont pétri. Le lit sale et agreste sur lequel il se jette tout habillé favorise le sommeil profond du paysan qui en a ramassé la paille ou la fougère, et rarement un propriétaire pense à assainir sa maison basse et humide. Sans doute ce spectacle, lorsqu'on le voit pour la première fois, fait une vive impression sur l'esprit du voyageur, et fournit des textes très-pathétiques au touriste. Mais un séjour prolongé dans de semblables contrées change bientôt les premières impressions. Ce peuple, qu'on croyait si misérable, a sa gaieté, ses plaisirs, ses délassements, et des intérêts qu'il poursuit avec la même ardeur que les hommes qui vivent au sein de l'opulence. On ne trouve là aucun des symptômes qui engendrent la misère et les privations. C'est, il est vrai, un état grossier qui oppose une barrière au développement intellectuel et aux améliorations morales, mais il n'offre pas ce type de la misère sur lequel les philanthropes viennent bâtir leurs diatribes contre notre organisation sociale. Nous ne voulons pas dire qu'il n'y ait là aucune question économique à résoudre ; nous ne voulons pas dire que cette vie simple et dure suffise à la destinée humaine. Nous pensons, au contraire, que les biens matériels sont un moyen fondamental de civilisation, et qu'ils aident l'humanité à graviter vers des régions plus élevées ; mais nous voulons que chaque fait occupe sa place réelle dans les controverses qui se sont établies. On ne fonde que trop souvent l'argumentation sur la confusion des mots et des choses ; on s'en rapporte à des observations superficielles, à des lieux communs, et comme les déclamations sont devenues traditionnelles, on se borne à recueillir pêle-mêle ce qui a été dit sur la matière. Souvent aussi on tire parti d'un fait isolé pour condamner tout un ordre d'institutions. Cela arrive surtout à l'égard des populations des villes et des manufactures.

C'est sur les ouvriers des fabriques que s'est porté depuis quelque temps tout l'intérêt des philanthropes et des réformateurs ; ceux-ci ont attaqué tour à tour les machines, la concentration des capitaux, la distribution des salaires comme sources du malaise des travailleurs. Les moyens les plus divers, et souvent les plus extravagants, ont été proposés pour remédier à la misère supposée ou réelle. On procède pour apprécier la situation des ouvriers des villes comme on fait pour les travailleurs des campagnes. On se base sur des on dit, sur des inspections rapides, sur des faits isolés, et l'on travestit les données fournies par quelques hommes intelligents et consciencieux qui ont étudié l'état des classes ouvrières avec maturité. On puise dans leurs ouvrages les parties qui servent le mieux la thèse que l'on soutient ; on oublie l'ensemble des faits, et l'on néglige à la fois les déductions et les conclusions de l'auteur. Toutefois on a soin de citer son nom à l'appui des emprunts qu'on lui fait. S'agit-il d'une ville manufacturière, comme Lyon, Rouen, Lille, Saint-Etienne, Mulhouse? on se jette de préférence sur les parties dramatiques du livre, sur les faits en quelque sorte exceptionnels, et on les étend, sans égard pour la vérité, à toute la population ouvrière. Quand on présente, par exemple, le chiffre de la mortalité, on a bien soin d'en dissimuler les causes, on a bien soin de ne pas parler de l'ivrognerie et de la débauche qui abrégent la vie d'une manière si effrayante. Est-il question de l'industrie cotonnière? on cite de préférence et uniquement les fileurs et les tisseurs à la main, sans dire que cette catégorie forme le petit nombre des ouvriers qui sont engagés dans cette industrie; et ainsi de tout le reste.

La misère et le bien-être sont des situations corrélatives; elles n'ont rien d'absolu, et il est à peu près impossible de les définir nettement. Cependant on peut dire que la misère existe lorsque l'homme est exposé à des souffrances physiques par suite de privations ou d'un excès de travail. Et encore la donnée de cette formule est-elle variable à l'infini; car il est évident que l'éducation et le genre de vie créent de si nombreuses catégories, que ce qui est funeste à l'une ne l'est plus à l'autre, et réciproquement. Ainsi, un homme qui conserve au milieu des travaux les plus rudes et avec la nourriture la plus simple sa santé et sa liberté d'esprit, et qui avec cela atteint le terme ordinaire de l'existence, n'est pas un être misérable dont la vie matérielle doive occuper les philanthropes. Il est inutile de prouver que la différence des conditions tient avant tout à la distribution et au classement des travaux. La superposition des couches sociales se fait en vertu de cette distribution. Les travaux faciles qui exigent une faible intelligence et une grande force musculaire seront toujours exécutés par des hommes qui resteront en dehors du cercle de certaines jouissances. Leur vie ressemblera à leurs travaux, et ils seront invinciblement retenus dans les régions inférieures où la satisfaction des besoins est réduite à sa plus simple expression. La loi de la production le veut ainsi, et cette loi est certainement ce qu'il y a de plus conforme à la raison et à la justice; car il serait assez singulier de vouloir déterminer la rémunération d'un travail autrement que par la valeur de ce travail lui-même. Il arrive cependant que, quand la société entière prospère, les classes inférieures participent également à ces améliorations. Les bienfaits d'une plus grande abondance ne s'arrêtent pas à telle ou telle ligne; ils pénètrent partout, mais dans une mesure différente. On dit quelquefois qu'il faut que l'ouvrier ait une nourriture substantielle, un vêtement chaud et une habitation bien close, et avec cette sentence on croit avoir résolu toutes les questions.

Que de nuances et de contrastes ne trouve-t-on pas sans entrer précisément dans la région des misères, sans toucher à cette limite où la satisfaction des besoins cesse et où les privations commencent! L'ouvrier anglais a des besoins plus étendus que le travailleur français, et ce qui constitue pour le second une situation très-supportable serait pour le premier un état de misère et de pénurie. A l'un, il faut des aliments substantiels, des boissons fermentées, du thé, du sucre, du café, des vêtements chauds et une habitation bien close ; l'autre se contente d'une nourriture végétale, d'un habit plus léger et d'un logement moins commode. Ces différences sont déterminées moins encore par le climat que par des ressources plus abondantes qui ont créé des habitudes inconnues à nos ouvriers. Mais s'ensuit-il que le travailleur anglais soit plus heureux, que chez lui la vie moyenne soit plus longue, que ses enfants soient plus robustes, que sa moralité soit supérieure ? Nullement ; il a des besoins plus nombreux, voilà tout. Les ouvriers allemands vivent avec des salaires qui ne s'élèvent pas au tiers et quelquefois pas au quart des salaires anglais ; leur subsistance est plus simple encore et moins abondante que celle de nos ouvriers, et tous leurs autres besoins participent de cette frugalité. Ces faits existent sous les mêmes latitudes à peu près ; ils s'appliquent aussi à la même race d'hommes, et ils indiquent, par conséquent, toutes les difficultés qui entourent l'appréciation exacte de l'état économique des classes laborieuses.

Et puis encore une fois, combien de catégories d'ouvriers n'y a-t-il pas ! Est-ce que tout ce qui reçoit des salaires, est-ce que tous ceux qui font avec le maître un contrat aléatoire sont soumis à un niveau unique ? Les ouvriers qui exercent des métiers proprement dits, peut-on les assimiler aux travailleurs des manufactures, et ceux-ci vivent-ils dans les mêmes conditions que le journalier des campagnes ? La nourriture, le vêtement et l'habitation des uns suffiraient-ils, conviendraient-ils aux autres ?

Certainement l'ouvrier citadin, sculpteur, horloger, ébéniste, joaillier, dont la profession exige sinon des facultés supérieures, du moins de l'expérience et des études assez prolongées, ne se contenterait pas de la nourriture et de l'abri de cet autre ouvrier des villes voué aux fonctions les plus rudes et les plus humbles, et il se trouverait misérable en partageant la vie matérielle de celui-ci.

Et cependant on ne peut pas élever le second au rang du premier. La rémunération ne s'attache pas à la personne, mais au travail et au produit de ce travail. La capacité, les notions acquises et l'aptitude technique de l'ouvrier sont les éléments qui déterminent en partie la gradation des salaires qui, à leur tour, donnent à ceux qui les reçoivent des moyens plus ou moins étendus pour la satisfaction de leurs besoins et de leurs jouissances.

Si vous détruisez ce principe, quelle règle adopterez-vous ? La société, dit-on, doit satisfaire aux besoins de tous ses membres.

Mais ces besoins ont une élasticité sans bornes ; ils sont variés selon les conditions ; si on les mesure plutôt sur les appétits individuels que sur l'utilité sociale des œuvres, la part des produits sera pour tous égale, et ainsi disparaîtront la supériorité de l'intelligence, le fruit des études et les priviléges même du génie; l'émulation sera détruite, et cette distribution artificielle et forcée des biens arrêtera la production et fera rétrograder les arts, les sciences et leurs applications.

Dans chaque profession, prise isolément, les ouvriers occupent des degrés différents selon leur habileté et leur expérience, et jusque dans les manufactures où les machines et l'uniformité de la besogne semblent effacer les distinctions, le talent reçoit la rémunération qui lui est due. C'est ainsi que les inégalités s'établissent d'après des règles qui prennent leur source dans la justice et la liberté. Ce phénomène se manifeste dans toutes les conditions, dans les professions manuelles comme dans les arts libéraux, chez les ouvriers comme chez les maîtres; il n'admet aucune exception chez les peuples où le travail est dégagé de priviléges.

Jusqu'où irait-on *en organisant le travail*, à quelle couche de la société s'arrêterait-on, et quelles seraient au juste les catégories de travailleurs auxquelles on *garantirait le nécessaire?* Les médecins, les avocats, les peintres, les sculpteurs, les savants et les artistes, ne sont-ils pas aussi dignes d'intérêt que les fileurs, les tisserands, les fondeurs et tous les ouvriers qui s'occupent de travaux manuels? Serait-on sans sympathie et sans entrailles pour les misères qui seraient ailleurs que dans l'atelier et dans la fabrique, ou donnerait-on du travail et un salaire *suffisant*, en vertu du *droit au travail*, à tous les membres des professions libérales que le public n'aurait pas adoptés? Le système embrasserait-il la société tout entière, et ne trouverait-on désormais plus aucune spécialité dans la misère?

En se bornant à la prétendue organisation de la fabrique seulement, où s'arrêterait-on? Toutes les classes de la société ne contribuent-elles pas directement ou indirectement à la production manufacturière? celle-ci ne doit-elle pas une partie de ses progrès aux plus illustres représentants des sciences et des arts? Et pourquoi dès lors les chimistes, les mécaniciens, les naturalistes, les dessinateurs, qui tous apportent leur contingent de lumières aux fabriques, ne participeraient-ils pas à l'organisation du travail et ne prendraient-ils pas une part déterminée dans la masse générale des richesses?

C'est ainsi que se trouveraient sauvés l'avocat sans cause, le médecin sans malades, le dessinateur sans talent, le négociant sans probité, le faux savant, et tous pourraient fraterniser avec le travailleur inhabile, paresseux, débauché, qui vivrait aux dépens de l'ouvrier économe, intelligent et laborieux. Voilà ce qu'engendrerait le *droit pratique au travail* avec ses conséquences du *droit au salaire*.

Il est évident que dans cette combinaison la distribution des produits du travail ne se ferait point librement, et qu'il faudrait y arriver par des moyens de coercition. Et quels seraient les juges de cette distribution qui ferait disparaître toute misère et substituerait à l'état précaire des travailleurs une aisance permanente ? Des juges électifs sans doute, ou héréditaires, qui feraient des parts égales ou proportionnelles, égales pour tous, ou égales pour chaque individu de chaque profession. Dans le premier cas, un niveau universel pèserait sur tout le genre humain ; dans le second, la fainéantise et l'incapacité obtiendraient une prime. Comment d'ailleurs régler la part qui reviendrait à la masse des travailleurs de chaque catégorie ?

Avec les parts proportionnelles calculées d'après l'aptitude et l'assiduité des ouvriers, que deviendrait le droit au travail? Le *droit au travail*, si ce mot pouvait avoir une signification réelle et positive, serait sans doute la faculté native et imprescriptible qu'aurait tout individu de prendre part à l'œuvre de la production, quelle que fût d'ailleurs sa capacité ou, si l'on veut, son incapacité. L'exercice de ce droit aurait pour conséquence nécessaire le *droit au salaire* sans lequel il serait parfaitement illusoire. Si le droit primitif, le droit au travail, était égal pour tous, le droit au salaire impliquerait cette même condition, c'est-à-dire une rémunération égale pour tous ceux qui seraient admis à l'exercice du droit. Il est inutile d'aller plus loin pour comprendre que ce prétendu droit au travail est une formule vide de sens, et que ni une autorité héréditaire ou élective, ni les lois, ne corrigeraient la fragilité du principe dans son application. L'homme, dans la société, est admis au travail quand il possède les propriétés nécessaires pour accomplir ce travail. Le salaire est en général proportionné aux difficultés qu'il a fallu surmonter pour accomplir l'œuvre, et il n'existe d'autre droit au travail et au salaire que celui qui découle de l'obstacle vaincu dans l'intérêt général de la société, droit conditionnel, relatif, et qui est loin d'être un patrimoine conféré par la nature à tous les individus.

La question ainsi posée ne renferme cependant aucune exclusion. Les obstacles sont égaux pour tous, et tous jouissent de la même liberté pour les aborder et pour les vaincre. On attribue la misère à nos institutions, et spécialement à la concurrence qu'elles favorisent et à la puissance du capital qu'elles tolèrent. Restreindre la concurrence et régler l'action du capital, ne feraient autre chose qu'anéantir la liberté, c'est-à-dire scinder l'exercice des facultés et l'usage des propriétés individuelles. On attenterait ainsi à des droits bien plus évidents et bien plus sacrés que le droit au travail, et l'on reviendrait peut-être à quelque chose de pire que les priviléges, les maîtrises et les jurandes qui déshéritaient réellement une partie des travailleurs des fruits de leur propre travail. Que demande-t-on dans l'intérêt des classes ouvrières en réclamant *l'organisation du travail?* Evidemment une autre distribution des produits du travail, une répartition nouvelle. On ne songerait pas à augmenter la masse des biens, puisque dans le système de la concurrence on produit trop ; on prendrait simplement aux uns pour donner aux autres, ou, pour être plus explicite, on augmenterait le salaire des ouvriers en diminuant les profits des maîtres. Voilà la pensée des réformateurs. Comment la réaliseraient-ils ? En supprimant d'abord la distribution actuelle qui se fait en vertu de cet axiome : *A chacun selon sa capacité, à chaque capacité selon ses œuvres*, avec le consentement de tous et sous l'empire de la plus complète liberté. Au lieu de s'en rapporter à l'assentiment général, aux lois engendrées par la demande et par l'offre, il faudrait se soumettre au jugement de quelques-uns, régler la production, non plus sur des besoins, mais d'après des opinions, distribuer les salaires selon les appétits et nullement selon le mérite. C'est dans ces conditions que nous placerait la réforme préparée par les novateurs du dix-neuvième siècle qui veulent reconstruire la société sur un terrain vierge et d'après un mécanisme complétement étranger aux tendances de l'humanité.

La nécessité de réglementer les profits du capital et le taux des salaires est aussi tirée d'un fait qui se produit très-fréquemment depuis la suppression des entraves que les corporations imposaient au travail et qu'on donne pour un symptôme du malaise des classes ouvrières : ce sont les coalitions. « Les coalitions, dit-on, indiquent assez la misère où gémissent les travailleurs, et ces désordres démontrent péremptoirement que l'industrie a besoin d'être organisée. » Les coalitions n'ont pas toujours le même caractère ; tantôt elles ont pour but d'obtenir un accroissement des salaires, ou, ce qui revient au même, une diminution dans la durée journalière du travail ; tantôt elles sont dirigées contre des machines, contre des procédés nouveaux qui réduisent ou simplifient la main-d'œuvre; tantôt encore elles n'ont d'autre motif que la vengeance ou l'animosité des ouvriers. Mais elles sont rarement la conséquence de la misère ou du malaise. Pour obtenir une augmentation des salaires ou une diminution dans la durée de la journée, les ouvriers choisissent invariablement le moment où le travail est abondant, très-demandé, et par conséquent mieux rétribué que dans les temps de crise et de chômage. Ils espèrent, dans ces moments-là, imposer la loi aux maîtres et les contraindre à augmenter les salaires sous peine de voir leurs ateliers déserts ou livrés à la destruction. Les ouvriers se coalisent donc au moment où ils sont dans une condition relativement meilleure; non pas quand le travail manque, mais au contraire lorsqu'il est très-offert et qu'ils n'ont pas à craindre les atteintes de la misère. En Angleterre, les coalitions n'ont lieu qu'autant que la classe d'ouvriers qui a jeté l'interdit sur une usine, ou sur une industrie tout entière, possède un fonds suffisant pour pouvoir soutenir le chômage pendant un certain temps. On a vu de cette manière dépenser improductivement des centaines de mille francs, et les ouvriers, après l'absorption de ce pécule, rentrer pacifiquement dans les ateliers sans avoir obtenu l'accroissement de salaire qu'ils avaient demandé. Il est vrai que les choses ne se passent pas toujours de même, et que souvent les excès des ouvriers nécessitent l'intervention de la force armée et donnent lieu à des procès criminels. L'introduction des machines dans une industrie déplace la main-d'œuvre et entraîne des souffrances momentanées parmi les ouvriers de cette industrie; mais l'expérience a prouvé que les mécaniques, en imprimant un nouvel essor à la fabrique, exigent un travail manuel complémentaire supérieur à la main-d'œuvre antérieurement consacrée à la même production, et ce retour s'établit en général avec assez de rapidité. La transition, sans doute, est douloureuse; mais il n'y aurait qu'un seul moyen de l'éviter : ce serait de proscrire l'emploi de toute machine nouvelle, et mieux encore de revenir aux procédés élémentaires employés dans les premières périodes de l'industrie manufacturière. Que pourrait une organisation du travail contre les inconvénients de la transition, et à l'instant même où le manufacturier engage un nouveau capital dans son industrie? Les profits que donnera ce capital n'existent pas encore, et il serait dès lors assez difficile de les attribuer aux ouvriers. Le bris des machines n'offre pas même la ressource de l'arbre qu'on coupe pour en avoir le fruit, car il ruine le maître sans bénéfice pour le travailleur.

L'Angleterre est par excellence le pays des coalitions; il s'est fait là des choses dans ce genre qui sont à la fois merveilleuses et absurdes. On y a vu des milliers d'ouvriers obéir à une impulsion unique, dépenser leurs épargnes de plusieurs années jusqu'à la dernière obole, attendre stoïquement leur ruine en provoquant celle des entrepreneurs, et passer, en un mot, d'une situation prospère à un état de complète misère; et tout cela, pour obtenir un accroissement de salaire qui n'aurait pu compenser les pertes au-devant desquelles ils allaient volontairement. En France, les mêmes faits se produisent avec les mêmes tendances et les mêmes caractères, mais sur une échelle beaucoup moins vaste. Il y a plusieurs causes qui déterminent cette différence. D'abord, l'industrie manufacturière est montée en Angleterre sur de plus grandes dimensions que chez nous ; en second lieu, les corporations existent encore dans la circonscription des villes, et les ouvriers présentent, par conséquent, des masses plus compactes et plus unies qu'en France. On voit que tout favorise les luttes stériles entre les entrepreneurs et les ouvriers. Cependant les coalitions se produisent dans des proportions de plus en plus faibles en même temps qu'elles sont moins fréquentes, et l'on commence à comprendre que ces sortes de combats amènent toujours la défaite des deux partis, et qu'ils sont plus funestes encore aux ouvriers qu'aux maîtres. Ainsi, les coalitions, qu'elles viennent des maîtres ou des salariés, ne sont ni défendues ni réprimées, et la loi ne punit que les violences qui sont exercées contre les entrepreneurs ou contre les ouvriers qui refuseraient d'y prendre part. Ces dispositions nous paraissent à la fois sages et équitables :

sages, parce que les lois se sont constamment trouvées inefficaces pour prévenir et pour réprimer les luttes de ce genre de l'autre côté du détroit ; équitables, parce que les maîtres ont mille moyens d'échapper à la loi, et s'ils ne se coalisent pas ouvertement, il leur est plus facile qu'aux ouvriers de prendre certaines mesures uniformes pour sauvegarder leurs intérêts et pour annuler des prétentions contraires aux principes généraux qui dirigent la production. La France, qui a détruit jusqu'aux dernières traces du travail réglementé, devrait imiter l'exemple de l'Angleterre et modifier sa législation sur les coalitions, en ce sens que les violences seules faites aux ouvriers par les meneurs, ou dirigées contre les entrepreneurs, entraîneraient la répression pénale, mais que le simple fait d'une réunion pacifique ne serait désormais plus considéré comme un délit. Ni les ouvriers ni les maîtres ne sont assez puissants pour changer les conditions générales qui président à la distribution des salaires et des profits, et lors même que la science économique ne fournirait pas des démonstrations éclatantes à l'appui de cette vérité, l'expérience serait là pour lui donner une sanction solennelle. Combien de fois, dans les grands centres manufacturiers de l'Angleterre, n'a-t-on pas arrêté des tarifs d'un commun accord! et toujours il a fallu y déroger. Les salaires, comme tous les prix courants, sont déterminés par la demande et l'offre, qui, à leur tour, sont réglées par les besoins de la consommation. Si la consommation s'arrête, si elle descend au-dessous d'une certaine limite par une de ces causes nombreuses et souvent mystérieuses que renferme la société, le manufacturier se verra forcé d'arrêter son usine plutôt que de payer un salaire qui le ruinerait inévitablement. Il a bien signé un tarif, mais il n'a pas pris et ne pouvait prendre l'engagement de fournir, dans les cas imprévus, du travail aux ouvriers de sa fabrique ; il préférera donc le chômage complet ou *partiel* à une activité qui ne tarderait pas à le ruiner. Que feront alors les ouvriers? Ils lui offriront, ainsi que cela est arrivé mille fois, une réduction dans les salaires, et l'entrepreneur lui-même sera appelé à fixer le montant de cette réduction. Si, au contraire, des besoins extraordinaires amenaient une demande plus forte de la main-d'œuvre, les ouvriers imposeraient des conditions au maître, qui les accepterait dans la limite de ses profits.

.. Revenons maintenant à l'accusation capitale qu'on dirige contre le régime industriel, et tâchons d'établir par des faits généraux, par des rapprochements saisissables, la situation des classes ouvrières et l'amélioration du sort des deux dernières générations. Il s'est fait depuis cinquante ans une remarquable transformation économique dans tous les Etats européens, mais particulièrement en France. Le sol, affranchi chez nous des privilèges, a été livré à de nouvelles cultures ; il s'est divisé, et le nombre des propriétaires s'est accru dans des proportions considérables. Le rapport qui existe entre les subsistances et la population est le meilleur indice de la situation économique des individus.

Malthus a prétendu que l'accroissement de la population suivait une progression géométrique, tandis que la progression des subsistances n'affectait qu'une progression arithmétique, et que dès lors le genre humain était inévitablement exposé, dans un temps peu éloigné, à une famine universelle. Cette formule, sur laquelle on a bâti toute une théorie de la population, et dans laquelle on a puisé les plus sinistres prévisions, a été démentie par l'expérience. Il y a plus : dans la plupart des Etats de l'Europe, la production des subsistances a suivi une marche plus rapide que l'accroissement de la population, et aujourd'hui chaque individu consomme une plus grande masse d'aliments que dans le siècle passé. Et ce qu'il faut surtout remarquer, c'est que l'alimentation des peuples n'est plus exposée à ces terribles perturbations causées par les disettes et les famines, si fréquentes jusqu'au commencement du dix-neuvième siècle : la variété des cultures et les perfectionnements agricoles ont conjuré ce double fléau d'une manière presque absolue. On évaluait, en 1791, la production totale du blé en France à environ 47 millions d'hectolitres ; ce qui donnait, déduction faite des semences, pour chaque habitant un hectolitre 65 centilitres. En 1840, la même production est évaluée à 70 millions d'hectolitres, et par individu à un hectolitre 82 centilitres. Il est à remarquer que les surfaces cultivées en blé sont à peu près ce qu'elles étaient avant la Révolution, et qu'on doit l'accroissement de la production au perfectionnement des cultures. Maintenant, si l'on tient compte des autres produits agricoles, des racines, des plantes légumineuses qui se cultivent chaque année sur une plus vaste échelle, sur des terrains qui étaient, avant la Révolution, abandonnés ou occupés par les forêts, on conviendra aisément que la masse des subsistances s'est accrue dans une proportion plus rapide que la population. Il n'est ici question que des aliments qui servent à toutes les classes de la population, et pour lesquels la distribution est presque toujours la même. La part des uns ne peut pas être absorbée entièrement par les autres, et il n'en est pas du pain, des légumes, de la viande, comme des objets de luxe et de commodité, qui se distribuent, selon les fortunes, d'une manière très-inégale. Un homme, quelle que soit sa richesse, ne peut consommer qu'une certaine quantité de viande, de pain et de légumes par jour, tandis qu'il lui est facile de faire une dépense considérable pour des produits qui sont inaccessibles au grand nombre. Le fait général que nous venons d'énoncer est incontestable ; il ressort à la fois des documents officiels et des observations particulières qui doivent inspirer le plus de confiance.

Quels ont été les résultats du développement du travail manufacturier ? Évidemment les matières ouvrées se sont accrues dans des proportions au moins aussi fortes que les substances alimentaires, et l'on peut dire sans exagération que la masse des tissus de toute espèce s'est plus que doublée et peut-être triplée depuis cinquante ans. Le même progrès s'est fait sentir dans tous les autres produits qui servent au vêtement de l'homme. La plus grande quantité des matières premières enlevées à la terre et le perfectionnement des procédés techniques ont conduit à ce résultat. Si l'on objectait qu'une partie des marchandises fabriquées est destinée au commerce extérieur, nous ferions remarquer que ce sont là des échanges, et que nous recevons toujours l'équivalent de nos exportations. On nous fournit, en retour de nos tissus et des produits naturels de notre sol, des denrées tropicales et même des produits manufacturés. Sans nous perdre dans des détails statistiques, on peut donc affirmer que les populations sont aujourd'hui mieux vêtues qu'à la fin du siècle passé, que chaque individu a une plus grande quantité d'étoffes et d'autres matières pour s'habiller et se couvrir, et que, sous ce rapport encore, il y a un progrès considérable. Il suffit d'ailleurs pour constater ce fait, et sans avoir recours aux chiffres, de se reporter aux premières années du siècle, et, si l'on veut être de bonne foi, on trouvera qu'il existe une différence énorme en faveur de notre temps pour le vêtement des individus des classes inférieures. Même observation pour la demeure du travailleur : à la ville comme à la campagne, son habitation est mieux close et plus commode qu'il y a cinquante ans, et très-souvent ses meubles, en servant à ses besoins, ornent encore sa demeure. Nous ne faisons point ici une apologie de la situation des classes ouvrières, situation qui laisse certainement beaucoup à désirer, et qui offre souvent de douloureuses exceptions. Mais une situation ne peut s'établir que par des comparaisons, et ces comparaisons, nous ne pouvons les faire qu'en cherchant un des termes dans le passé et en prenant l'autre dans le présent. S'il s'agissait purement et simplement d'obtenir des effets dramatiques, des tableaux sombres et déchirants, des éléments qui servissent à dresser un acte d'accusation contre les gouvernements et les classes supérieures de la société, il serait plus logique de chercher des exemples dans le dix-huitième ou dans le dix-septième siècle. C'est là qu'on trouverait d'affreuses misères causées, non pas par l'industrie manufacturière, mais par le vice des institutions sociales, par l'oppression, par la guerre et par l'ignorance ; c'est là qu'on trouverait des populations nues, sans abri, décimées périodiquement par la faim, par le froid et par les maladies, et privées des secours même de la charité. Les documents historiques qui constatent cette situation ne manquent pas, et si les philosophes et les réformateurs de notre temps se donnaient autant de peine pour les compulser et les étudier qu'ils mettent de soin à enregistrer les misères réelles ou supposées de nos ouvriers, ils verraient combien les accusations qu'ils dirigent contre l'état social actuel sont injustes et absurdes. Dans le dix-huitième siècle seulement il y a eu dix famines, et dix fois le prix de l'hectolitre de grain excéda 50 fr., et en 1794 il s'éleva à 72 fr. Philanthropes et réformateurs, faites, si vous l'osez, l'histoire de la misère des classes populaires pendant cette période, et, si vous êtes de bonne foi, vous changerez alors vos conclusions et le texte de vos accusations.

. « Tous les faits économiques ont entre eux une corrélation intime, un enchaînement rigoureux, et souvent il suffit d'en suivre la filiation pour en constater l'exactitude. Un des symptômes les plus évidents de l'amélioration du sort des ouvriers est l'augmentation de la *vie moyenne* dans la société française. Quelque complexes que soient en général les problèmes relatifs à la population, quelque insuffisantes que soient les données relatives à la mortalité des différentes classes de la société, on sait cependant d'une manière certaine que la vie moyenne s'est accrue en France depuis cinquante ans, et que, sous ce rapport, quelques-uns de nos départements présentent des phénomèmes tellement extraordinaires, qu'on ne les retrouve dans aucun autre État. Il faut savoir que le pays qui a l'avantage sur tous les autres est celui où il meurt le moins d'individus sur un nombre déterminé de naissances, en d'autres termes, celui où la *vie probable* et la vie moyenne ont le plus de durée. Le nombre des naissances et des mariages n'est pas un élément essentiel dans la question ; le tout se réduit à savoir pendant combien de temps les hommes occupent en *moyenne* leur poste dans ce monde. L'illustre Laplace indique cette vie moyenne comme le vrai rapport, comme la plus juste mesure de l'influence des causes sur le bonheur et le malheur de l'espèce humaine. Mais la vie moyenne ne donne pas seulement la mesure de l'influence des causes sur la situation des peuples, elle est encore la conséquence de cette situation. Or, si la vie moyenne s'est accrue en France, il est évident que cet accroissement est dû à une plus grande aisance, ou, si l'on veut, à une atténuation de la misère. Tout le monde est à accord sur le fait de l'accroissement de la durée de la vie moyenne, seulement on ne l'est pas sur le chiffre de cet accroissement. Mais pour ne rien laisser au hasard et ne pas exagérer la force de notre argument, nous prendrons l'énoncé le moins favorable à notre thèse, l'autorité qui a peint l'avenir social des classes ouvrières en France avec les couleurs les plus sombres, l'opinion d'un homme enfin qui a été presque constamment hostile à notre pays. Sir Francis d'Ivernois, dans *ses Recherches sur la mortalité proportionnelle des peuples, considérée comme mesure de leur aisance et de leur civilisation*, convient que la vie moyenne s'est accrue depuis le commencement du siècle de deux ou trois ans, et il assimile, sous ce rapport, notre pays à l'Angleterre et à la Belgique, où la vie moyenne prise en bloc pour chacun des deux pays, sans distinction des lieux et des conditions, est évaluée à trente-trois ans. Le même auteur fixe la durée de la vie moyenne dans le département de la Manche à quarante-quatre ans six mois, et dans celui de l'Orne à quarante-huit ans, chiffres exceptionnels et qu'on ne retrouve dans aucune autre région de la même étendue que ces deux départements.

Nous n'avons point à aborder ici les problèmes relatifs à la population qui embrassent tout un ordre d'idées nouvelles ; il nous suffit, pour la matière que nous traitons, d'énoncer le simple fait de la prolongation de la durée de la vie moyenne en France. Cependant nous ferons remarquer une seconde fois que, pour prévenir toutes les objections, nous avons choisi le nombre le moins favorable à notre thèse, et que, s'il avait été uniquement question d'établir des contrastes, nous aurions pu citer des chiffres bien plus appropriés à notre argumentation et garantis par des autorités scientifiques fort respectables.

Nous savons très-bien qu'en invoquant l'accroissement des impôts indirects comme un symptôme des progrès de l'aisance, on nous accusera d'appeler un paradoxe au secours de notre démonstration. Nous espérons cependant échapper à cette accusation en nous attachant seulement à l'appréciation des impôts qui pèsent sur des objets de consommation qui ne sont pas d'une nécessité absolue, rigoureuse, pour les classes inférieures. De ce nombre sont les taxes sur les boissons et sur les tabacs. Les boissons fermentées et les spiritueux ne sont pas un objet de première nécessité comme le pain et la viande, et, quoique en général les classes inférieures ne fassent pas porter leurs économies sur les boissons, on peut néanmoins admettre qu'un malaise réel, permanent, en restreindrait considérablement l'usage, comme, d'un autre côté, l'aisance en favorise la consommation. Or, que voyons-nous depuis bientôt trente ans ? Le produit des droits sur les boissons s'accroît chaque année dans des proportions beaucoup plus fortes que la population, et, malgré une modification des lois sur la matière faite en 1832 et défavorable au fisc, le chiffre annuel de cette taxe est aujourd'hui beaucoup plus élevé qu'il ne l'était au commencement de la Restauration. Cet accroissement a lieu, dira-t-on peut-être, aux dépens de la moralité et de la santé des populations. Cela peut être, et nous croyons même que l'objection est fondée ; mais elle n'ôte rien à la valeur de l'argument, et elle ne détruit pas le fait positif d'un accroissement dans les ressources affectées à cette consommation. Le tabac est encore moins un objet de première nécessité que les boissons fermentées et spiritueuses ; cependant sa consommation suit un mouvement ascensionnel tout à fait extraordinaire, et cet article rapporte aujourd'hui au Trésor un produit net de près de 70 millions, tandis qu'en 1825 ce même revenu s'élevait à peine à 40 millions. Ce sont les classes inférieures qui prennent la plus large part dans cette consommation, et il est évident que si la misère était sans cesse croissante, comme les novateurs se plaisent à le dire, le fait contraire se produirait certainement. L'expérience confirme d'ailleurs l'exactitude de cette hypothèse : à chaque crise commerciale ou industrielle, à chaque secousse politique qui jette la perturbation dans le travail et la production, les impôts de consommation se réduisent, et la dépression se fait même remarquer sur les contingents qui frappent les objets de première nécessité. Si l'on sortait du cercle étroit que nous nous sommes tracé et que l'on prît l'ensemble des contributions indirectes, nous y trouverions encore des termes d'appréciation de l'aisance ou de la misère relatives. Les droits d'enregistrement et de timbre donnent la mesure de l'activité des transactions. Les taxes d'entrée à la frontière, selon qu'elles s'élèvent ou qu'elles baissent, indiquent une plus ou moins grande consommation en matières brutes et en denrées tropicales ; et ainsi de suite. Que le malaise survienne, aussitôt ces divers produits baissent, et ce mouvement devient en quelque sorte le thermomètre de la prospérité publique. Ces impôts sont acquittés par tous, et ils établissent, par cela même, une certaine solidarité entre les différentes classes de la société, entre les ouvriers et les maîtres, entre les entrepreneurs et les salariés. Quand ils ne sont plus acquittés par les uns, les autres sont bien près de ne plus les payer. Les augmentations que nous signalons ne sont pas le produit de taxes nouvelles : loin de là ; depuis quinze ans on a supprimé la loterie, les jeux, et réduit les droits sur les boissons ; l'impôt sur le sucre indigène ne compense pas à beaucoup près le vide créé par ces modifications et ces diverses suppressions. Cependant le chiffre du revenu indirect, sans aucun changement onéreux dans la législation, s'est élevé, dans l'espace de vingt ans, de 540 millions à 720 millions, ce qui est beaucoup moins un progrès fiscal qu'un progrès économique.

L'augmentation du revenu des contributions indirectes est, comme on vient de le voir, un symptôme de l'accroissement des dépenses individuelles, et par conséquent d'une plus grande aisance. Cependant une partie des salaires prend encore une autre direction : elle est recueillie par les caisses d'épargne, institution moderne et qui n'aurait pas pu se réaliser si l'on ne s'était pas aperçu que les classes laborieuses, après avoir satisfait à leurs besoins, conservaient encore une partie des salaires. Au 1er janvier de cette année, la caisse des dépôts et consignations devait aux caisses d'épargne du royaume 351 millions et demi, et Paris figurait dans cette somme énorme pour 105 millions. Les caisses d'épargne, comme on sait, n'ont été instituées qu'en 1818 : elles ne fonctionnent donc que depuis vingt-six ans ; mais l'institution ne s'est réellement développée sur une grande échelle que depuis une douzaine d'années. Avant d'aborder quelques faits particuliers qui ressortent de l'institution des caisses d'épargne et des économies des classes laborieuses, nous devons faire remarquer que les 351 millions et demi qui sont actuellement dus à celles-ci ne constituent très-probablement que la moindre portion des épargnes qui se sont accumulées depuis vingt-cinq ans ; car il est évident que les portions de capital qui se forment là reçoivent, à un moment donné, une destination industrielle. Elles sont retirées par les déposants pour être employées à des entreprises quand le salarié s'élève au rang de patenté, ou lorsque la somme est arrivée au chiffre passé lequel la caisse ne reçoit plus les dépôts, ou enfin lorsque ces mêmes dépôts se placent dans la rente ou dans une propriété immobilière. Il est à regretter que cette partie du mouvement des caisses d'épargne ne soit pas publiée, et qu'on ne sache pas quelle a été la masse des dépôts depuis l'origine de l'institution. Sans doute les sommes retirées n'ont pas eu toutes une destination utile, et plus d'un petit capital laborieusement formé a ensuite été dissipé. Cependant il est permis de conclure que la presque totalité des sommes retirées a échappé à cette consommation improductive. Cela paraît d'ailleurs certain, quand on considère le nombre sans cesse croissant des patentés et des propriétaires d'immeubles.

A qui appartient maintenant cette somme qui dépasse de beaucoup les capitaux qui aient jamais été réunis par les plus savantes combinaisons financières? Aux classes laborieuses, aux ouvriers de toutes les catégories, de toutes les conditions, aux travailleurs mêmes qu'on nous présente comme végétant dans l'abjection et dans la misère. Les comptes-rendus de la caisse d'épargne de Paris présentent à ce sujet des renseignements et des détails du plus haut intérêt. On y a divisé les déposants en huit classes : la première comprend les ouvriers proprement dits ; la seconde, les artisans patentés et les marchands ; la troisième, les domestiques ; la quatrième, les employés ; la cinquième, les militaires et les marins ; la sixième, les professions libérales ; la septième, les rentiers ; et la huitième, les sociétés de secours mutuels entre ouvriers. Ces huit classes ont déposé, pendant l'année 1843, 6,337,000 francs, et les ouvriers proprement dits, c'est-à-dire la première classe, figurent dans cette somme pour 2,547,000 francs. Les journaliers qui en font partie, et dont l'existence est certainement beaucoup plus précaire que celle d'aucune autre catégorie de travailleurs, ont seuls déposé, au nombre de 2,567, la somme de 476,550 fr. pendant l'année 1843. Les domestiques ont déposé, pendant cette même année, 1,268,000 francs. Mais voici ce qui est surtout digne de remarque : le nombre total des ouvriers et des domestiques des deux sexes, à Paris, peut être évalué à 400,000, dont 320,000 ouvriers et 80,000 domestiques. Sur les 320,000 ouvriers, 90,000 déposent à la caisse d'épargne, et sur 80,000 domestiques il y a 34,000 déposants ; en d'autres termes, la caisse d'épargne compte à Paris, parmi les déposants, environ un ouvrier sur quatre et un domestique sur deux. Il est évident que les travailleurs qui font ainsi des économies ne sont pas dans la misère.

Mais, nous dira-t-on, c'est dans les centres manufacturiers qu'il faut chercher le fléau du paupérisme et voir le tableau des privations des classes inférieures. Ici encore nous répondrons par des faits, en présentant le chiffre du solde dû par la caisse des dépôts et consignations aux caisses d'épargne des principales cités manufacturières du royaume. Ce solde était, au 31 décembre 1843 : à Saint-Quentin, de 1,255,000 fr. ; à Sédan, de 800,000 fr. ; à Troyes, de 1,881,000 fr. ; à Louviers, de 680,000 fr. ; à Nîmes, de 1,675,000 fr. ; à Saint-Etienne, de 2,606,000 fr. ; à Rive-de-Gier, de 130,000 fr.; à Reims, de 1,813,000 fr. ; à Lille, de 4,412,000 fr. ; à Mulhouse, de 1,081,000 fr.; à Lyon, de 7,589,000 fr.; à Rouen, de 6,158,000 fr.; à Amiens, de 4,784,000 fr. ; à Abbeville, de 1,386,000 fr., et à Limoges, de 467,000 fr. Voilà des points choisis sur tout le territoire, et qui représentent nos principales industries dans toutes leurs ramifications. En consultant les comptes-rendus de ces différentes caisses d'épargne, on trouve que toutes les catégories d'ouvriers ont participé aux dépôts, ce qui prouve qu'aucune classe de travailleurs n'est spécialement frappée de misère et privée de la faculté de faire des économies. Les détails que renferment les comptes-rendus des caisses d'épargne confirment pleinement cette assertion. Il y a, parmi les déposants, non-seulement des ouvriers des professions les plus diverses ; mais ils présentent encore toutes les nuances de l'état civil : ce sont des hommes, des femmes de tout âge, des mineurs, des célibataires, des individus engagés dans les liens du mariage ; en un mot, il serait difficile de trouver, dans les registres des caisses d'épargne, une profession, une situation qui ne fussent pas représentées par des dépôts plus ou moins considérables.

Les philanthropes, lorsqu'ils s'occupent du sort de la classe ouvrière, ne devraient-ils pas tenir compte de faits de cette nature, et se demander ensuite, avant de se prononcer sur des questions aussi graves, si les siècles précédents, que plus d'un *novateur* regrette, offrent des phénomènes semblables ? N'est-ce pas une circonstance merveilleuse que cette accumulation de plusieurs centaines de millions par les classes laborieuses dans un petit nombre d'années ; ces épargnes spontanées, qui sont un témoignage éclatant de ce que peuvent le travail et l'esprit d'ordre favorisés par la liberté ? Cela ne témoigne-t-il pas de l'efficacité de nos institutions et de notre système économique pour réaliser le progrès ? Nous doutons fort que cette nombreuse population inscrite sur les registres des caisses d'épargne voulût accepter aucune de ces organisations du travail et de ces réformes qu'on imagine tous les jours à son intention. Un homme qui met une partie du fruit de son travail en réserve, et qui a assez d'énergie et de volonté pour créer ainsi les ressources de sa vieillesse, ne doit ajouter qu'une médiocre confiance aux larmoyantes descriptions des philanthropes et aux fantastiques promesses des réformateurs. Les caisses d'épargne sont une étonnante manifestation du bon sens des travailleurs qui les ont adoptées, et ceux-là, du moins, ne demanderont pas à une nouvelle répartition des richesses une plus forte part dans les produits du travail.

Ces faits, quelque consolants qu'ils soient, sont cependant loin de nous conduire à cette conclusion, que la situation des classes ouvrières est satisfaisante, que la condition des travailleurs est heureuse, qu'aucune amélioration n'est à réaliser. Dieu nous garde de semblables affirmations! Il y a dans le monde plus de misères que n'en peuvent guérir une charité sans bornes, les méditations de tous les esprits upérieurs et les moyens pratiques qui résulteraient de ce double effort. Les souffrances ne sont que trop réelles : elles existent dans toutes les classes de la société, et particulièrement dans les classes inférieures. Jamais on ne les fera disparaître; on ne peut que les atténuer. Les meilleures institutions, l'équité la mieux appliquée, la charité, n'effaceront pas des misères qui dérivent de nos infirmités morales et physiques, qui naissent des éléments avec lesquels l'homme est sans cesse en lutte, et qui prennent aussi leur source dans les imperfections sociales et dans les passions individuelles, invincibles obstacles à une situation sans peines et sans douleurs. Mais c'est déjà une grande et noble mission que d'atténuer seulement ces peines et ces douleurs, de chercher dans la religion, dans la morale et dans les efforts collectifs d'une nation les moyens de calmer les souffrances et d'effacer jusqu'à un certain point les inégalités des existences matérielles. Cependant la première condition pour atteindre ce but, est de se rendre un compte exact des faits, de remonter à leurs causes, d'étudier les phénomènes complexes qui se manifestent dans toute agglomération sociale, et surtout de ne pas s'égarer dans les rêves d'une perfection imaginaire et d'un bonheur terrestre qui s'accorderaient mal avec notre destinée future. Il ne faut pas juger une situation générale sur des symptômes partiels, couvrir toute la société des plaies qui n'existent que dans quelques parties, et prononcer l'anathème contre tout un ordre de faits et d'idées parce qu'on y trouve les imperfections inhérentes à toutes les œuvres humaines. L'industrie manufacturière sans doute a ses inconvénients : elle renferme des causes de misère et de désordre; les capitaux concentrés, à côté des merveilles qu'ils opèrent, font des victimes dans leurs mouvements puissants et souvent redoutables. Mais qui oserait nier que les travaux pacifiques de notre temps, cette tendance universelle à créer et à produire, ce mouvement intellectuel qui préside à toutes les transformations, ne soient infiniment préférables à la torpeur des populations des siècles passés ou aux passions guerrières des souverains? D'ailleurs, nous ne sommes pas libres de maîtriser des événements de cette portée et de faire qu'il y ait ou qu'il n'y ait pas une industrie manufacturière. C'est le flot des intelligences et des besoins qui nous y a conduits, et c'est un fait qu'il nous faut accepter.

En Angleterre, on a des notions plus précises de toutes les circonstances spéciales, particulières qui entourent les classes laborieuses; là, on connaît mieux les détails relatifs aux travaux et à l'existence des ouvriers que chez nous. Les enquêtes sur les fabriques, sur l'a-

griculture, les études qui ont toujours précédé les lois sur les pauvres, fournissent une série de données au moyen desquelles on est
mieux initié à la vie des travailleurs. En France, les mêmes renseignements sont encore incomplets ; le gouvernement a mis moins
d'empressement à les recueillir, et nous devons à cette lacune
même ces vagues déclamations sur la misère et sur la pernicieuse influence du système manufacturier. Cependant des investigations utiles
ont été faites, et des hommes pourvus de toutes les qualités nécessaires, dégagés de préjugés et répudiant les idées *à priori*, se sont
occupés de ces questions avec une louable impartialité. Leurs travaux,
peu nombreux à la vérité, inspirent cependant une entière confiance
à ceux qui étudient avec sincérité la situation des travailleurs et
les causes de leur misère. Nous avons cité les dépôts faits aux caisses
d'épargne par les ouvriers des principales villes manufacturières du
royaume : nous revenons à ces populations, que nous examinerons
maintenant sous un autre aspect en empruntant nos renseignements à
un des ouvrages qui font autorité et qui appartiennent à la série des
travaux que nous venons d'indiquer[1].

Lille est, sans contredit, de toutes les cités industrieuses de France,
celle où les ouvriers sont dans l'état le plus misérable, et le quartier
des Étaques, où sur un espace de 24,000 mètres carrés on trouve
entassés 3 à 4,000 ouvriers, présente un tableau effrayant. Les habitants y sont beaucoup plus agglomérés que dans les quartiers les plus
peuplés de Paris. Les plus pauvres ouvriers de la rue des Étaques habitent les caves et les greniers. Les caves n'ont aucune communication
avec l'intérieur des maisons ; elles s'ouvrent sur les rues ou sur les
cours, et l'on y descend par un escalier qui en est souvent à la fois
la porte et la fenêtre. Elles sont en pierres ou en briques, voûtées,
pavées ou carrelées, et toutes ont une cheminée, ce qui prouve qu'elles
ont été construites pour servir d'habitation. Communément leur hau-
teur est de six pieds prise au milieu de la voûte, et elles ont de dix
à quinze pieds de côté. C'est dans ces sombres et tristes demeures que
mangent, couchent et travaillent un grand nombre d'ouvriers. Le jour
arrive pour eux une heure plus tard que pour les autres, et la nuit
une heure plus tôt. Leur mobilier ordinaire se compose, avec les objets de leur profession, d'une sorte d'armoire en planches pour dépo-
ser leurs aliments, d'un poêle, d'un réchaud en terre cuite, de quelques poteries, d'une petite table, de deux ou trois chaises, et d'un
grabat dont les seules pièces sont une paillasse et des lambeaux de
couverture. Dans plusieurs de ces demeures les individus des deux
sexes, la plupart sans chemise et d'une saleté repoussante, sont confondus dans le même lit. Père, mère, vieillards, enfants, adultes,

---

[1] *Tableau de l'état physique et moral des ouvriers*, par M. Villermé, membre de
l'Institut. 2 vol., 1840.

s'y pressent, s'y entassent. — Eh bien ! ces caves ne sont pas les plus mauvais logements , car dès qu'on allume le réchaud qui se place dans la cheminée , il s'établit un courant d'air qui les sèche et les assainit. Les pires demeures sont les greniers, où rien ne garantit des températures extrêmes ; les locataires , tout aussi misérables que ceux des caves , manquent également des moyens d'y entretenir du feu pour se chauffer pendant l'hiver.

La description des cabarets des Étaques complète ce tableau. « J'aurais voulu, dit M. Villermé, pénétrer dans ces lieux, où j'ai vu par les portes et par les fenêtres , à travers un nuage de fumée de tabac , comme des fourmilières d'habitants de ce hideux quartier ; mais il est évident que, malgré la précaution que j'avais prise de m'habiller de manière à leur paraître moins suspect, mon apparition au milieu d'eux aurait excité leur surprise et surtout leur méfiance. Un grand nombre se tenaient debout faute de place pour s'asseoir , et l'on voyait parmi eux beaucoup de femmes. Tous buvaient de la détestable eau-de-vie de grain ou bien de la bière. Quant au vin , il est d'un prix trop élevé pour qu'ils puissent y atteindre. Je me suis donc contenté de suivre toutes ces personnes dans la rue, où beaucoup s'arrêtaient chez les épiciers pour boire de l'eau-de-vie avant d'entrer au cabaret, et où j'entendais jusqu'aux enfants dire les paroles les plus obscènes. Je puis l'affirmer, je n'ai jamais vu à la fois autant de saletés, de misères, de vices, et nulle part sous un aspect plus hideux, plus révoltant. Et que l'on ne croie pas que cet excès du mal soit offert par quelques centaines d'individus seulement ; c'est, à des degrés divers, par la grande majorité des 3,000 qui habitent le quartier de la rue des Étaques, et par un plus grand nombre d'autres encore qui sont groupés , distribués dans beaucoup de rues, et dans peut-être soixante cours plus ou moins comparables à celles dont j'ai parlé.

« Mais si l'on voit à Lille , ajoute ensuite le même auteur, un nombre très-considérable d'ouvriers tels que ceux de la rue des Étaques et des cours voisines, un plus grand nombre encore sont loin d'offrir le spectacle de misère et de dégradation profonde dont je viens de présenter le trop fidèle tableau, quoiqu'ils ne gagnent pas toujours, à beaucoup près, de meilleurs salaires. Mais propres, économes, sobres surtout, ils savent, avec la même rétribution d'une journée de travail, se loger, s'habiller, se mieux nourrir, en un mot pourvoir plus complétement à leurs besoins. Il serait superflu , je crois, d'en parler ici plus longuement. J'ajouterai pourtant que beaucoup cherchent, dans le choix de leurs demeures, à se rapprocher des autres ouvriers de bonne conduite , et habitent ainsi le quartier Saint-André, comme les misérables dont il s'agissait tout à l'heure habitent surtout le quartier Saint-Sauveur et celui de la rue des Étaques. »

Il est impossible de faire ressortir avec plus d'évidence *une* des causes de la misère des classes ouvrières. Le même salaire qui suffit aux uns, laisse les autres dans la plus profonde dégradation. Le philanthrope ne voit pas en général ou ne veut pas apercevoir cette cause, et il se garde par cela même de signaler le fait latéral qui affaiblirait tout au moins ses assertions sur la situation des classes ouvrières. Le rigoriste, au contraire, ne verra d'autres causes à la misère que l'ivrognerie et la débauche des ouvriers; il affirmera que la sobriété et une conduite réglée sont des moyens radicaux pour ramener l'aisance dans la demeure des travailleurs, et qu'il ne dépend par conséquent que d'eux de sortir de l'état misérable où ils se trouvent. Ces vues extrêmes sont également inexactes. Nous n'avons pas besoin de répéter ce que nous avons déjà dit de cette manière de former un jugement sur un fait particulier et de déduire d'une situation exceptionnelle un argument général contre un système économique. Quant aux désordres des classes ouvrières, la simple réflexion suffit pour prouver qu'il faut un concours de plusieurs circonstances pour les atténuer. Lorsqu'un vice a jeté de profondes racines dans toute une classe de la société, on ne l'extirpe pas sans de prodigieux efforts, et cette classe elle-même, abrutie par ce vice, n'aura certes pas l'énergie nécessaire pour prendre l'initiative d'un amendement et d'une réforme. Il faut donc que l'impulsion vienne d'ailleurs, des classes supérieures, et spécialement des maîtres et des entrepreneurs. On conçoit qu'il n'y a pas de règle ni de moyen pratique uniformes pour atteindre le vice à sa base et pour en combattre les conséquences. Ces moyens subissent l'influence des localités et du milieu où il faut agir. A Sédan, par exemple, les chefs des premières maisons se sont réunis pour réprimer l'ivrognerie. Leurs moyens consistent à prévenir, autant qu'ils le peuvent, les chômages, à conserver leurs emplois aux ouvriers qui tombent malades, en un mot, à bien traiter tous ceux dont ils sont contents, à se les attacher; mais aussi à ne jamais admettre un ivrogne dans leurs ateliers, à renvoyer pour ne plus le reprendre tout homme vu ivre, et à punir de la même peine l'absence des ateliers le jour du lundi. On est ainsi parvenu à diminuer à tel point ce vice parmi les ouvriers de Sédan, qu'on ne voit que très-rarement, les dimanches ou les lundis, des hommes ivres dans les rues. Il est vrai qu'on n'opère que peu de conversions, et comme les ivrognes ne trouvent plus de travail, ils émigrent d'ordinaire. La réforme ne profite donc qu'à la nouvelle génération, à celle qui n'a pas encore éprouvé la contagion du vice; mais c'est déjà un immense progrès, quoique cela indique la nature des obstacles qui s'opposent à la régénération des classes ouvrières. Les causes qui engendrent l'ivrognerie sont nombreuses et complexes. En première ligne se présente le mauvais exemple que reçoivent les enfants dans leur famille, puis le choix d'un métier qui compte beaucoup d'ivrognes, les habitudes de débauche et de désordre qu'entraîne l'organisation du compagnonnage et le travail en commun dans les ateliers des manufactures, l'oisiveté complète les jours de dimanche, les suspensions de travail et tous les chômages de courte durée ; le bas prix de l'eau-de-vie et des liqueurs spiritueuses, et le grand nombre de cabarets où l'on boit à toute heure et sans mesure ; enfin le défaut ou l'oubli des principes religieux ou moraux. On voit que, pour atteindre toutes ces causes, si toutefois cela est possible, il faudrait le triple concours de l'autorité, des maîtres et des ouvriers. Il ne s'agit pas seulement de décréter des réformes, mais encore de les suivre une fois qu'on en a admis les moyens pratiques. La liberté du travail, qui est le grand stimulant de la production et la meilleure égide des droits de chacun, ne résout cependant pas toutes les questions, et, en laissant un champ plus vaste à notre activité, elle ouvre également une porte plus large à nos mauvais penchants. Mais il est possible de combattre ceux-ci et d'atténuer leurs conséquences sans entraver cette liberté, et sans revenir à des institutions et à des règles qui prononcent l'exclusion des uns au profit des autres, et qui engendrent bien plus sûrement l'inégalité et la misère que la concurrence universelle.

L'imprévoyance est une autre cause de la misère des ouvriers. Dans les villes manufacturières du Nord, à Roubaix, à Saint-Quentin, à Amiens, à Rouen, à Elbeuf, à Sédan, le luxe des habits et le goût de la toilette, dit M. Villermé, sont poussés très-loin, surtout chez les filles d'atelier. C'est au point que, les dimanches et les jours de fête dans beaucoup de villes de France, celles du Midi exceptées, on pourrait confondre, au premier abord, une partie des ouvriers et des ouvrières de nos manufactures avec la classe bourgeoise, tant leur mise est recherchée. Il va sans dire que cette observation ne s'applique pas à tous les ouvriers, car ils ne sont pas tous également bien vêtus, mais à ceux qui appliquent cette portion du salaire qui devrait former leur épargne, à des vêtements et des objets de toilette qui ne sont pas de première nécessité. Les gains sont alors insuffisants, et lorsqu'il arrive un accident ou un moment de chômage, la détresse devient inévitable. Les conséquences du libertinage sont tout aussi faciles à apprécier, et ce genre de désordre exerce dans les villes manufacturières l'influence la plus désastreuse sur la condition matérielle des travailleurs. Maintenant il est permis de se demander si l'accroissement des salaires donnerait plus d'aisance aux ouvriers des deux sexes qui vivent dans l'ivrognerie, la débauche, le libertinage et l'imprévoyance. Il ne faut pas une grande pénétration pour arriver à la négative, et il faudrait avoir une singulière idée des penchants et des habitudes de l'homme, pour soutenir qu'un accroissement des ressources qui alimentent le vice, serait de nature à détruire ce vice. Il faut d'autres moyens, et, comme il est à peu près impossible d'agir efficacement sur une génération déjà corrompue, il faut chercher à soustraire la jeunesse, autant que possible, à la funeste influence de l'exemple. Ainsi, ce n'est pas dans une nouvelle répartition des produits du travail qu'on peut trouver les remèdes à la misère des ouvriers. Élevez tous les ouvriers au même niveau moral, donnez-leur à tous l'amour du travail avec des habitudes d'ordre et d'économie, et alors vous serez déjà parvenus à les faire vivre de leur salaire comme les ouvriers du quartier Saint-André, de Lille, qui n'ont pas une plus forte rétribution que ces autres ouvriers du quartier des Étaques, qui croupissent dans la misère et l'abjection.

Ce ne sera point là le dernier terme des améliorations ; ce sera, au contraire, le commencement, ou, si l'on veut, la base de toutes les modifications ultérieures qu'on entreprendra dans l'intérêt des classes ouvrières. La tâche est encore immense et réclame le secours de tout ce que la société contient de dévouement et de lumières. Quelques-unes de ces modifications sont du ressort du gouvernement, et rentrent dans la classe des dispositions législatives dont la loi sur le travail des enfants dans les manufactures n'est qu'un essai très-imparfait, et qui jusqu'à présent n'a donné que des résultats insaisissables. Nous n'avons point, à proprement parler, en France, une *police des manufactures* qui résolve les questions d'hygiène et de salubrité dans l'intérêt des ouvriers. Ceux-ci travaillent très-souvent sous le coup de procédés meurtriers, uniquement parce qu'ils sont plus économiques et plus expéditifs. L'autorité ne s'en mêle pas, et jusqu'à présent elle n'a pas été émue des abus énormes qui existent sous ce rapport dans les manufactures. On comprend que plus un ouvrier a de vitalité et de force, plus il est propre au travail, et plus, par conséquent, il peut accroître son salaire sans empiéter sur les profits de son maître. Alors il améliore sa nourriture, son vêtement et son logement ; en un mot, il s'élève dans sa condition par la seule circonstance d'une plus grande salubrité dans les ateliers. Et comme tous les faits de l'ordre social ont entre eux une corrélation intime, il trouvera dans cette élévation matérielle, résultat de son travail et d'un milieu plus approprié à sa constitution physique, de nouvelles forces pour marcher d'un pas plus ferme dans les voies morales, et il sera à la fois plus tempérant, plus sobre et plus prévoyant. Il ne s'engagera dans les liens du mariage qu'avec la perspective de pouvoir élever et nourrir sa famille, et il rapprochera, en un mot, ses habitudes des habitudes de la classe supérieure, où l'ivrognerie, la débauche et l'imprévoyance sont bien plus rares ou moins fréquentes que dans les couches inférieures de la société. Plusieurs industries sont encore dans la barbarie, non pas à l'égard des produits, mais sous le rapport de la condition des travailleurs. La science et l'équité doivent opérer cette émancipation. Des travaux comme ceux de M. Villermé servent bien mieux les classes ouvrières que cette multitude de projets qu'on voir surgir chaque jour pour l'amélioration du sort des travailleurs. Quand les faits seront bien connus, quand on saura exactement sur quels points il faudra porter les réformes, on marchera d'un pas plus ferme, et l'on pourra concilier plus aisément l'intérêt du maître et de l'ouvrier sans violer les lois qui régissent les profits et les salaires. Quand les ouvriers connaîtront eux-mêmes mieux ces lois, ils renonceront aux coalitions violentes ; ils ne demanderont plus des tarifs, des *maxima* et des *minima*, et ils comprendront qu'une liberté mutuelle et une protection égale pour le maître et pour le travailleur sont les plus sûrs moyens pour assurer la prospérité de l'entrepreneur et leur propre aisance : car il y a entre ces deux termes du problème une réciproque solidarité. Les ouvriers puiseront ensuite dans l'association des forces nouvelles; ils lui demanderont le secret de la puissance des capitaux, et ils trouveront dans des efforts collectifs la possibilité de réduire leurs dépenses sans rien retrancher de leur consommation habituelle. C'est ainsi que les ouvriers se sont réunis, dans plusieurs centres manufacturiers, pour la fabrication du pain, pour la confection des vêtements, en centralisant ces productions et en s'attribuant par conséquent les profits qu'auraient faits les fournisseurs. Mais la plupart de ces améliorations, que nous n'indiquerons ici que sommairement, ne pourront avoir lieu, comme nous l'avons déjà dit, qu'avec l'intervention de l'autorité et le concours des maîtres. Dans une foule de circonstances, ceux-ci ne sont que trop disposés à favoriser les désordres des ouvriers et les abus qu'engendre la grande industrie. Il n'est pas toujours possible de séparer les travailleurs des deux sexes dans les fabriques sans une augmentation de dépense, ou sans déranger l'ordre ou l'économie de l'usine ; cependant il est des cas où cette séparation n'offre pas le moindre inconvénient. Les *bobineuses* et les *dévideuses* de l'industrie cotonnière, entre autres, peuvent très-bien être séparées des hommes qui filent et tissent, et la réunion des deux sexes dans les mêmes salles n'est aucunement justifiée dans cette circonstance. Les fabricants conviennent eux-mêmes que cette confusion est la source des plus graves désordres, et, tout en la maintenant sans motif sérieux, ils tolèrent encore généralement les discours obscènes qui ont lieu pendant la durée du travail. Il y a en France un petit nombre de manufactures où les sexes sont rigoureusement séparés, et où l'on a soin de renvoyer les femmes chaque jour un peu plus tôt que les hommes. Des employés placés dans les ateliers veillent sans cesse à tout ce qui pourrait blesser les mœurs, et les délits de ce genre sont réprimés par l'expulsion. Dans ces mêmes fabriques l'ivrognerie est impitoyablement proscrite ; le maître contrôle la conduite des ouvriers, il entretient à ses frais une école où il fait passer successivement tous les enfants. Les ouvriers malades sont également soignés aux frais de l'établissement, et on leur conserve leur métier ou leur emploi jusqu'au moment où ils ont recouvré la santé. Ces sacrifices faits par les maîtres sont toujours largement compensés, et leurs fabriques sont au nombre de celles qui prospèrent le plus.

Malheureusement d'autres entrepreneurs, et particulièrement ceux qui sont sortis des ateliers et qui s'élèvent au rang de fabricants, prennent le contre-pied des habitudes que nous venons de signaler. Ils embauchent fréquemment les ouvriers pour les laisser sans travail au bout de quelques jours ; ce sont eux qui font les plus fortes retenues sur leurs salaires, qui tolèrent leur inconduite et spéculent sur leur imprévoyance. Dans les localités où il y a beaucoup d'ouvriers nomades, des étrangers, des célibataires, des travailleurs enfin qui ne sont pas fixés au foyer domestique par la famille, la démoralisation est naturellement plus intense et les réformes plus difficiles à réaliser. Cependant dans ces circonstances encore on peut réduire le mal par l'adoption de certaines mesures générales. Il est établi que les ouvriers à la tâche s'épuisent de fatigue pendant trois ou quatre jours, pour se livrer à d'autres excès le reste de la semaine ; il est prouvé que le choix du samedi pour le jour de paye est une cause de l'inconduite de l'ouvrier ; les avances d'argent produisent également un résultat désastreux, et elles placent le travailleur dans la plus déplorable situation quand le maître abuse, ce qui n'arrive que trop souvent, de sa qualité de créancier. Tous ces abus peuvent être réformés par de simples règlements, si les entrepreneurs eux-mêmes ne veulent pas s'entendre pour les réprimer ; il n'est point pour cela nécessaire de réorganiser l'industrie et d'attenter à la liberté du travail. Voici, par exemple, ce qui se passe pour les avances : l'ouvrier qui les reçoit ne peut, en cessant de travailler pour un maître, exiger la remise de son livret et la délivrance de son congé qu'après avoir payé sa dette, soit en argent, soit par son travail. Il perd donc sa liberté, et il n'est malheureusement que trop vrai que les fabricants abusent souvent de la manière la plus scandaleuse de cette situation. Si, malgré sa dette, l'ouvrier reçoit son congé, celle-là reste mentionnée sur le livret, et dès lors il ne trouve à se placer que très-difficilement chez un autre entrepreneur, parce que, aux termes de la loi, celui-ci est obligé de faire sur le salaire de l'ouvrier, et jusqu'à sa libération entière, une retenue au profit du créancier, et que la dette dont il est devenu solidaire l'assujettit à des formalités désagréables [1].

Nous n'avons pas la pensée d'exposer ici toutes les causes de la misère des classes ouvrières, encore moins de développer nos idées sur les moyens pratiques d'une réforme. Nous aurons à revenir sur ces deux points dans un travail spécial. Les indications sommaires des causes du malaise des travailleurs et des moyens d'y remédier ne sont que des linéaments qui se rattachent à notre exposition principale de l'état matériel des ouvriers, et les détails qui précèdent n'ont été présentés que pour mieux définir leur situation ; en un mot, ce ne sont point encore des idées organiques, des plans d'amélioration.

Mais si nous avons bien défini l'état matériel des classes laborieuses, si nous avons signalé d'une manière exacte les causes de misère et de

---

[1] *Tableau de l'état physique et moral des ouvriers*, tome II, page 128.

détresse, on conviendra que tout cela n'appelle pas une réforme complète et radicale de notre système économique, qui consisterait à changer violemment le rapport des profits et des salaires, à limiter l'action du capital, et à faire législativement ou arbitrairement la part de chaque travailleur. Cette réforme détruirait-elle les vices des classes ouvrières? donnerait-elle plus de moralité aux entrepreneurs, et fournirait-elle enfin au gouvernement les moyens de satisfaire tous les besoins, de calmer tous les appétits, et de répondre aux prétentions presque toujours exagérées des protecteurs officieux et intéressés des classes ouvrières? Les novateurs vous disent hardiment que oui. Malheureusement ce n'est là qu'une pure affirmation, rudement ébranlée par quelques expériences qui ont eu une issue aussi ridicule qu'anti-économique. Les capitaux, dit-on, jetés dans ces *essais d'organisation industrielle et agricole* n'ont point suffi à l'œuvre. — Les capitaux ! voilà le nœud de la question. Les uns demandent une centaine de millions de francs pour réorganiser le travail sur des bases nouvelles, les autres des sommes plus fortes encore pour créer des ateliers qui recevraient indistinctement tous les travailleurs. A côté de cela il y a des réformateurs plus modestes qui se contenteraient de quelques millions, et souvent de quelques centaines de mille francs, d'une bagatelle enfin. Tous ont des moyens infaillibles et répondent du succès, en oubliant quelquefois des déconvenues antérieures. Mais ces réformateurs sont tellement nombreux, que pour satisfaire les plus modestes seulement, tous les trésors du pays ne suffiraient pas. Ceci n'est point une hyperbole, car chaque jour on voit surgir de nouveaux plans, où l'on changerait, avec quelques millions, le sort de tous les travailleurs malheureux. Comment choisir entre tant de projets divers, dont aucun n'a reçu la sanction de l'expérience et qui presque tous se mettent en guerre avec les lois de la production les mieux constatées? On s'adresse au gouvernement ; on lui demande avant tout de l'argent pour réaliser ces merveilleux plans qui doivent faire le bonheur de tous. Le gouvernement refuse par plusieurs raisons : d'abord, parce qu'il n'a pas foi dans les projets qu'on lui présente, et ensuite parce qu'il n'a pas l'argent qu'on lui demande. Il n'a pas plus de foi dans l'atelier national que dans le phalanstère ; il refuse au premier 500 millions, et il est assez malavisé pour ne pas vouloir donner au second la cinquième partie seulement de cette somme. Voilà le gouvernement mis en accusation ! il manque à ses devoirs les plus essentiels ; il se refuse à soulager la misère des classes laborieuses ; il souffre que le riche exploite le pauvre, et qu'une partie de la société vive aux dépens de l'autre. On ne parlait pas mieux du temps des priviléges territoriaux et des maîtrises et des jurandes ; alors aussi les philosophes disaient que l'homme était exploité par l'homme. En 1789 ces liens ont été rompus ; chacun est entré dans la pleine possession de ses droits ; le sol a été divisé pour que chacun en eût sa part, et les industries ont été accessibles à tous. Comment deux systèmes si opposés peuvent-ils donner des résultats analogues? C'est difficile à comprendre. Il y a cinquante ans, le mal tenait aux priviléges ; aujourd'hui il dérive de l'absence des priviléges, de la liberté, de la concurrence. Chacun a eu la faculté de perfectionner les instruments de production, et ces instruments étant devenus trop puissants entre les mains de quelques-uns, il faut donc les briser.

Nous n'aborderons pas scientifiquement la question des capitaux et des salaires, et leurs fonctions dans l'ordre économique, quoique cette exposition suffirait pour montrer le néant de presque toutes les combinaisons philanthropiques et sociales dont on a saturé le public depuis quelque temps. Nous nous placerons au point de vue pratique et dans des hypothèses qui se lieront intimement aux faits économiques : on a vu que ce qu'on appelle l'organisation du travail exige avant tout des capitaux de fondation très-considérables. Supposez que le gouvernement fût disposé à être agréable à tous les utopistes du temps présent : où prendrait-il l'argent? dans le Trésor. Et celui-ci? dans la bourse des contribuables. Et ceux-ci ? sur leurs revenus. Ce revenu n'a que trois sources, qui sont : la terre, le capital et le travail. Évidemment vous ne prendrez rien au travailleur, puisque déjà, selon vous, il n'a rien. On frapperait donc la terre et le capital : le propriétaire abandonnerait sa rente, et le capitaliste une portion ou la totalité de son argent. Qu'il n'y eût plus de rentiers, et qu'en réalité le gouvernement devînt possesseur de la terre en s'en appropriant le produit net, cela peut à la rigueur s'admettre, et nous aurions ainsi, jusqu'à un certain point, la loi musulmane. En frappant les capitalistes, ou, pour mieux dire, tous les entrepreneurs d'industrie, de taxes plus élevées, pour appliquer ces impôts à une réorganisation industrielle, l'effet le plus immédiat serait de détruire les éléments actuels du travail et de ruiner de fond en comble les entrepreneurs d'industrie. N'importe ! voilà le gouvernement muni d'un capital qu'il a prélevé sur ceux qui possèdent, et qui évidemment ne posséderont plus dans un temps plus ou moins rapproché. Maintenant il a deux choses à faire : ou il devient lui-même entrepreneur pour l'exploitation du sol et la fabrication de tous les produits ; ou il s'associe à la fortune des utopistes, et, au lieu d'ériger des phalanstères et des ateliers nationaux à son propre compte, il se fait simplement bailleur de fonds vis-à-vis d'autres entrepreneurs. Dans le premier cas, le gouvernement appliquera une des mille utopies qui sont en circulation ; il déterminera la part qui reviendra à chaque travailleur ; il fixera les salaires, sauf à se passer de la rente de la terre et des profits du capital. Les travailleurs feront ce qu'ils pourront, et quelquefois ce qu'ils voudront : ils seront toujours sûrs de vivre largement, si la masse des produits ne diminue pas sous le nouveau régime. Elle augmentera certainement, disent les réformateurs. Elle augmentera! et cependant tous les stimulants qui poussent l'homme au travail, tout ce qui excite son ardeur, tout ce qui développe son intelligence sera détruit. Celui qui fixe son salaire réglera nécessairement l'emploi de son temps, et il aura de nouveau perdu son indépendance et la libre disposition de ses facultés. Que la masse des produits augmente sous ce régime d'entraves, sous cette hiérarchie despotique où la mort des intérêts individuels n'a pas même engendré le sentiment des intérêts collectifs, cela nous paraît impossible. Que ce soit maintenant le gouvernement, ou que ce soient les socialistes qui nous transforment ainsi la société, le résultat est toujours le même; seulement, comme dans le deuxième cas on fera cent expériences d'après des systèmes divers, la ruine sera plus rapide et plus complète.

Avant d'aller plus loin, faisons remarquer que le capital se forme par l'épargne, et que l'épargne est un fait absolument sans signification pour un homme qui est assuré d'avoir invariablement le nécessaire par les soins du gouvernement ou de l'atelier national; il consommera autant qu'il pourra sans jamais songer au lendemain, et toute la population vivra sous l'empire des mêmes habitudes. Les capitaux qu'on aura enlevés primitivement aux propriétaires, aux rentiers et aux chefs d'entreprise, seront bientôt détruits, et alors un des trois éléments de la production manquera. Cette circonstance ne tardera pas à affecter les salaires, qu'ils |se fassent en argent ou en nature, et, par une conséquence forcée, le travail ne sera plus appliqué ni à la terre, ni à la transformation de ce qu'on appelle matières premières. Ce phénomène se réalise tous les jours sur différents lieux du globe, et les observations les plus vulgaires suffisent pour le constater. Le capital joue un rôle immense dans la production; dès qu'il s'affaiblit, celle-ci décline; au contraire, quand il augmente, la demande de travail s'anime, les profits baissent en général, et les salaires augmentent; cela ressort des plus vulgaires observations. Dans les villes manufacturières où l'on accumule d'immenses capitaux, le prix de la main-d'œuvre est, en général, plus élevé que dans les campagnes. Transportez une industrie nouvelle au milieu d'un village, et aussitôt les salaires augmenteront, et la progression fera diminuer fréquemment les profits du capital. Certes, il y a dans tout cela des abus; mais ils n'infirment pas l'excellence des lois de la production appliquées sous l'empire de la liberté. Une entreprise hasardée est un écart dont les conséquences peuvent rejaillir à la fois sur l'entrepreneur et l'ouvrier; ce ne sera point la faute du capital, mais celle de l'amour excessif du gain ou de l'incapacité du travailleur. Or, quel est le régime économique qui anéantirait les passions et donnerait un coup d'œil infaillible à tous les entrepreneurs? — Il y a des gens qui prétendent avoir trouvé ce régime, et ils en ont exposé les principes dans de volumineux ouvrages; cependant le public en général ne s'en est pas ému, et si ces livres ont contribué à agiter les classes inférieures, on n'a toutefois pu les convaincre, ni faire pénétrer chez elles les réformes proposées. Les capitaux ont continué à suivre la même direction, et les économies des travailleurs n'ont pas cessé de s'accumuler dans les caisses d'épargne. Avec 350 millions que contiennent ces caisses, il eût cependant été facile de fonder un de ces établissements modèles imaginés par les novateurs : eh bien ! voyez, les travailleurs, auxquels les réformateurs eux-mêmes ne refusent pas les instincts de leurs intérêts, ne goûtent point au fond ces projets qui devraient si radicalement changer leur situation et faire disparaître toutes les misères qui affligent l'humanité. Comment se fait-il que lorsqu'il est question de chemins de fer, d'entreprises commerciales et industrielles, les capitaux se donnent rendez-vous avec une merveilleuse entente, et que le public adopte sans hésiter ces opérations ? C'est qu'elles reposent sur des lois économiques qui ont la sanction de l'expérience et dont il est facile d'apprécier les effets. Dans les combinaisons socialistes, tout est au contraire problématique, et ces théories ne séduisent ni la raison ni l'imagination, puisqu'elles laissent insensibles ceux-là même qui devraient trouver dans leur réalisation un bonheur qu'ils cherchent en vain par les moyens ordinaires. L'atelier national et le phalanstère n'ont ému personne ; les capitalistes n'ont pas voulu y mettre leur argent, pas plus que les ouvriers n'ont été disposés à faire entrer leurs épargnes dans ce labyrinthe industriel. Qu'est-ce qu'une doctrine qui promet de fabuleux résultats et laisse tout le monde froid, qui ne peut se faire adopter ni par le gouvernement, ni par les capitalistes, ni même par ceux pour lesquels elle a été spécialement fondée ? Cette répulsion ne prendrait-elle pas sa source dans le bon sens public et dans les intérêts menacés de tous ? L'explication sans doute n'est pas admise par les novateurs qui prétendent que chacun se trompe, eux exceptés. C'est là un argument d'inspirés, qui a d'autant moins besoin de réfutation, qu'il s'applique à des affaires matérielles, en général fort bien appréciées par l'intérêt individuel.

Toutes les réformes proposées ne sont pas aussi radicales que celles dont nous venons de nous occuper ; tous les novateurs, tous les philanthropes n'ont pas eu la hardiesse suprême de remanier la société de fond en comble et de faire des parts nouvelles pour chacun des membres de la famille humaine. Plusieurs ont trouvé que notre système économique tel qu'il était, avec ses libertés et sa concurrence, pourrait bien suffire aux nécessités du temps en le gratifiant de certaines petites institutions, entre autres d'une caisse de retraite des ouvriers invalides. Arrêtons-nous sur ce projet ; examinons-en la valeur, et il nous donnera la clef de toutes les autres propositions de la même nature. Une caisse de retraite pour les travailleurs invalides peut se former de deux manières : ou les ouvriers en feront le capital en détachant chaque jour, chaque semaine, chaque mois, chaque année, une portion de leur salaire, ce qui ferait supposer que ce salaire est suffisant pour répondre à leurs besoins et pour faire encore quelques épargnes ; ou le gouvernement fera lui-même les fonds de cette caisse par un prélèvement sur le revenu public. Dans le premier cas, l'intervention administrative du gouvernement, ou celle des philanthropes, nous semble au moins inutile, car il s'agit tout bonnement d'un établissement de prévoyance fait avec les propres deniers des ouvriers, c'est-à-dire par un prélèvement sur les salaires. Cet établissement rentre dans la catégorie de toutes les institutions de prévoyance, caisses d'épargne, sociétés de secours mutuels, assurances sur la vie, etc. Le gouvernement doit favoriser ces institutions d'une manière générale ; mais son intervention directe et pratique ne pourrait rien ajouter au bien-être des ouvriers qui forment eux-mêmes les fonds des caisses de prévoyance de tous genres. Si, au contraire, le gouvernement se charge de faire les dotations des caisses de retraite et de secours, qu'arrivera-t-il ? Il faudra prendre ce fonds sur le revenu public, et naturellement aggraver les impôts en frappant une classe particulière de la société. Il n'est pas besoin d'une grande perspicacité pour comprendre qu'une pareille mesure aurait tous les caractères d'une taxe des pauvres : en effet, les propriétaires et les capitalistes seraient imposés au profit de qui ? au profit des salariés, qui recevraient de cette manière un don, une charité si l'on veut, complétement étranger à leur labeur et à leur travail, et contrairement aux lois rationnelles de la production. Voilà déjà de quoi faire réfléchir. Maintenant, atteindrait-on par la création des caisses publiques de secours, de subventions, de retraite, le but qu'on se propose ? On nous permettra d'en douter. Une taxe des pauvres, une subvention quelconque donnée aux travailleurs, fût-elle légalement instituée et dégagée même de la défaveur qui s'attache à ce genre de pécule, n'augmenterait pas le revenu de l'ouvrier. Cela est constaté par l'expérience, et les annales du paupérisme en Angleterre nous en fournissent le témoignage irrécusable ; le salaire se réduit en proportion de la subvention que reçoit l'ouvrier, soit dans le présent, soit dans l'avenir. L'ouvrier anglais qui participait, sous l'ancienne législation, aux secours donnés par la paroisse, pouvait se contenter d'un salaire moins élevé que cet autre ouvrier, son compétiteur, qui ne recevait pas les mêmes secours, et en définitive le fermier ou le propriétaire qui payait la taxe des pauvres pouvait se récupérer jusqu'à un certain point sur les salaires qu'il payait aux ouvriers ainsi subventionnés ; mais jusqu'à un certain point seulement, par des circonstances qu'il serait trop long de rapporter ici. Voilà l'effet de toutes les combinaisons où une portion du revenu public serait appliquée aux besoins d'une classe quelconque de la société. Ce n'est pas tout : une taxe des pauvres, sans réellement soulager les ouvriers, augmente les frais de production de toutes les denrées, de toutes les marchandises, et par conséquent leur prix courant.

Si cette augmentation pouvait être sans inconvénient pour un État sans commerce extérieur et en quelque sorte hermétiquement fermé, il n'en est certes pas de même pour les pays qui échangent une très-grande partie de leurs denrées et de leurs marchandises fabriquées contre des produits exotiques. On sent que, lorsque plusieurs compétiteurs sont en présence, celui qui offre les conditions les plus favorables l'emporte sur les autres. Il est dès lors essentiel de ne point augmenter les frais de production par des combinaisons qui affecteraient le capital et la liberté des producteurs. Mais, s'écrieront les novateurs, c'est là précisément le vice de notre organisation industrielle, c'est cette concurrence effrénée qui résulte du commerce extérieur. Mon Dieu ! le commerce extérieur est un fait, un fait favorable, selon nous, parce qu'il multiplie les éléments du travail, et qu'il occupe un plus grand nombre de bras ; fâcheux, selon vous, parce que vous y apercevez une cause de misère. Voyons un peu ce que vaut cette dernière opinion : supprimez le fait, c'est-à-dire le commerce extérieur ; ayez une ligne de douanes tellement serrée qu'elle intercepte jusqu'à l'air étranger : vous ne recevrez alors ni denrées tropicales, ni métaux, ni matières textiles, ni produits manufacturés des régions lointaines ou voisines. En revanche, vous garderez vos vins, vos tissus, vos métaux ouvrés et tous ces produits qui s'exportent aujourd'hui en si grandes quantités ; il est évident que vous ne vous rencontrerez plus alors sur les marchés étrangers avec les Anglais, les Belges, les Allemands ; vous serez chez vous et pour vous. Il est vrai que vous serez tout à coup privés d'un débouché d'environ 600 millions, que les ouvriers qui fabriquaient les objets donnés en échange des produits américains, anglais, belges, resteront les bras croisés et vivront des caisses de subventions. Les entrepreneurs fermeront leurs fabriques ; les capitaux périront ; les contributions pour les caisses de secours ne se payeront plus, et les classes ouvrières que vous vouliez sauver se trouveront réduites à une misère chronique. Il est impossible de sortir de ce cercle ; moins on touchera à la liberté du travail et à la libre action des capitaux, et plus on éloignera les résultats que nous signalons. La puissance du capital est comme la fécondité de la terre, et l'on ne saurait trop la développer dans l'intérêt de toutes les classes de la société. Et puis encore une fois, l'accroissement des capitaux a pour corollaire la réduction des profits et l'augmentation des salaires. Ceux-ci et l'intérêt de l'argent ne suivent-ils pas un mouvement inverse, et ne trouve-t-on pas chaque jour des capitaux à un taux moins élevé ?

Au moins faudrait-il fixer les salaires, disent les moins hardis, rédiger dans toutes les industries des tarifs acceptés par les maîtres et par les ouvriers. Ces tarifs ont été faits en Angleterre et ailleurs : on sait ce qu'ils valent, et partout ils ont été aussitôt violés qu'acceptés et par les maîtres et par les ouvriers. Cela se conçoit aisément. Le taux des salaires est déterminé, comme nous l'avons dit plus haut, comme le prix de toutes choses, par la demande et par l'offre. La demande et l'offre sont à leur tour déterminées par les besoins de la consommation. Supposez maintenant, dans l'industrie cotonnière, par exemple, des tarifs arrêtés pour tous les genres d'opérations, pour le filage, le dévidage, le tissage, etc. Ces tarifs ont été arrêtés en présence d'un mouvement régulier, normal. Mais voilà qu'il survient tout à coup une réduction dans la consommation, le prix de la marchandise tombe, et l'entrepreneur fabrique à perte. Quel est le parti qu'il lui reste à prendre? Il peut congédier ses ouvriers, ou leur proposer, malgré le tarif, une réduction dans les salaires. Cette réduction est généralement acceptée, car le travailleur aime mieux un salaire réduit qu'un chômage complet. Dans l'hypothèse inverse, c'est-à-dire en présence d'une augmentation dans la consommation ou d'une plus forte demande de travail, les salaires augmenteront nonobstant les chiffres du tarif, et l'entrepreneur sera le premier à déroger aux stipulations précédentes. Cette règle est invariable, et pour peu qu'on veuille jeter les yeux sur ce qui se passe autour de nous, on verra que, lorsque le travail est très-demandé par le maître, il est payé davantage, et que, lorsqu'il est très-offert par l'ouvrier, il est beaucoup moins rétribué. Cela est aussi rigoureux que les lois de l'attraction et de la gravitation; et tant qu'un peuple ne se résoudra pas à vivre dans une complète séquestration, tant qu'il voudra que tous les membres de la communauté conservent la libre disposition de leurs facultés et de leurs propriétés, ces faits ne changeront pas. Ils sont la conséquence des lois *naturelles* qui régissent le travail et la production, et si l'on prétend leur faire violence dans l'intérêt des salariés, on ne fera que troubler la production en ruinant les entrepreneurs d'abord, et les ouvriers ensuite. Du reste, cette liberté doit être complète de part et d'autre, et, nous le répétons, la loi qui réprime les coalitions pacifiques des ouvriers, et qui autorise implicitement les coalitions des maîtres, doit être modifiée dans l'intérêt de l'équité et de la justice, quoique les coalitions des uns et des autres ne puissent influer d'une manière fondamentale et permanente sur le taux des salaires. Qu'on réprime les violences dont les ouvriers se rendent quelquefois coupables ; mais qu'on ne les trouble pas lorsqu'ils se réunissent pacifiquement pour débattre leurs intérêts, et qu'on leur laisse la liberté de refuser leurs services aux maîtres, comme le maître a la faculté de ne point accepter ces services quand ils lui paraissent onéreux.

Nous arrivons à une autre question souvent agitée aussi en vue de l'amélioration du sort des classes ouvrières : c'est le défrichement de sept à huit millions d'hectares de terres incultes que nous avons en France, et où bien des malheureux trouveraient leur subsistance. Nous en demandons pardon à nos lecteurs, mais, dans ce problème encore, nous sommes obligé de faire intervenir le capital. Ces surfaces, certains terrains communaux exceptés, sont en friche, parce que, exploitées, elles ne rendraient aucun produit net, et très-probablement pas les frais de culture. Ces terrains sont possédés par des propriétaires qui ont ou qui n'ont pas le capital nécessaire pour les exploiter. Dans le premier cas, le propriétaire se contenterait très-probablement, s'il exploitait ces terrains, d'un profit minime, et il renoncerait peut-être à ce qu'on appelle la rente de la terre; mais, il a trouvé qu'en entreprenant ces cultures il perdrait son capital de fondation, et ses autres calculs lui ont démontré que la vente des produits ne couvrirait pas les frais de culture. Si le propriétaire lui-même n'a pas les fonds d'exploitation nécessaires, il appellera un capitaliste; celui-ci, s'il est prudent, fera les mêmes calculs que le propriétaire capitaliste, et il trouvera que son capital serait engagé sans profit, et qu'il se perdrait d'autant plus complétement que l'entrepreneur aurait encore à payer, outre les frais de culture, un fermage ou une rente, c'est-à-dire une indemnité au propriétaire pour la force végétative du sol. Tout bien examiné, cette terre restera donc en friche, parce que le capital qu'on y mettrait ne rendrait aucun profit et se perdrait. S'il en était autrement, tous ces terrains seraient aussitôt mis en culture; les épargnes, qui prennent aujourd'hui une autre direction, se porteraient nécessairement dans une certaine mesure vers les exploitations territoriales, car les capitaux n'ont pas d'affection, ils ont des intérêts, et cherchent toujours l'emploi à la fois le plus sûr et le plus lucratif. S'ils obéissaient à des inspirations purement philanthropiques, ils se détruiraient à chaque instant, et de cette manière les ressources sociales éprouveraient une diminution graduelle au détriment de la communauté tout entière. En Angleterre, on a pu défricher les terrains de qualité inférieure et d'une médiocre fécondité, parce que les lois sur les céréales y donnent au blé une valeur fort élevée. Les capitaux ont donc pu trouver dans ces sortes de terres un emploi productif. Mais supprimez la loi sur les céréales, et aussitôt ces terrains seront abandonnés, parce que le prix des blés arrivera à un taux qui ne permettra plus d'y couvrir les frais de culture.

La science sociale s'est formée par l'étude des faits, et certains principes, aujourd'hui parfaitement constatés, ne sont que le résultat d'observations intelligentes. Si les hommes qui s'occupent de réformes sociales n'ont aucune foi dans les théories économiques qui régissent actuellement la production, qu'ils étudient au moins les faits avant de se livrer à des combinaisons souvent extravagantes et presque toujours stériles. Nous ne sommes pas en France sur un terrain neuf où il soit possible de décréter la communauté des biens et d'enrégimenter les travailleurs. Plusieurs des révolutions économiques qu'on propose seraient d'ailleurs des révolutions sociales. Nous concevrions, jusqu'à un certain point, cette fièvre de rénovation si nous avions des exemples à côté de nous, si nous avions sous les yeux des échantillons pratiques des systèmes économiques qui n'ont été jusqu'à présent que dans les journaux et dans les livres. Mais changer la société par

ses bases sur la foi d'un écrivain, renverser des lois économiques qui
ont réalisé d'immenses progrès, uniquement parce que tous les membres du corps social ne vivent pas dans la prospérité et l'abondance,
serait, en vérité, rétrograder vers les époques de confusion et de désordre où l'on demandait le salut du peuple à des principes et à des
lois chaque jour renouvelés, et où l'on considérait la stabilité comme
le plus grand inconvénient de l'état social. Nos institutions économiques sont loin d'être parfaites ; mais le plus grand malheur qui pourrait nous arriver serait de les voir remplacées ou ébranlées par ces
mille et une utopies engendrées par des hommes qui ignorent les faits
et bâtissent leurs projets sur des apparences plutôt que sur des
réalités. Ces tentatives, quelque extravagantes qu'elles soient en elles-
mêmes, seraient excusables si le sort des classes laborieuses ne s'était
pas amélioré d'une manière remarquable sous le régime créé par la
révolution de 1789; en effet, à aucune époque et dans aucun pays les
travailleurs ne se sont trouvés dans de meilleures conditions qu'aujourd'hui, à la fin de la première moitié du dix-neuvième siècle. Qu'on
lise ce qu'écrivait, il y a cent cinquante ans, le maréchal de Vauban :
« ..... Il est certain que ce mal est poussé à l'excès, et que, si l'on n'y
remédie, le menu peuple tombera dans une extrémité dont il ne se
relèvera jamais ; les grands chemins de la campagne et les rues des
villes étant pleines de mendiants que la faim et la nudité chassent de
chez eux. » Et Vauban n'exagérait pas ; il vivait dans un temps où l'on
était circonspect, et où les écrivains téméraires, quelque haut placés
qu'ils fussent, expièrent plus d'une fois leur courage dans la cap-
tivité.

.. Nous le répétons en terminant, nous n'avons eu d'autre but que de
présenter des notions exactes sur la situation des classes ouvrières, et
de rectifier quelques-unes de ces données erronées qui sont des germes
d'agitation, de mécontentement et de désordre. Les améliorations matérielles dépendent en grande partie de l'élévation morale des individus. Quand le pouvoir aura constaté par des enquêtes sérieuses et mul-
tipliées l'état de nos industries et la situation des travailleurs, il puisera
dans ces études des moyens de régénération. Il verra, avec tous les
esprits justes, qu'il faut demander cette régénération, avant tout, à
une instruction solide, nécessaire dans toutes les conditions de la vie;
au développement des facultés intellectuelles et des sentiments religieux, à des habitudes d'ordre et de prévoyance. Il s'efforcera ensuite
de réprimer, par des mesures législatives, la cupidité et l'inhumanité
de quelques maîtres, d'établir dans les ateliers des conditions d'ordre
et de salubrité, et de concilier la dignité et la santé de l'homme avec
la liberté du travail étendue aux ouvriers comme aux maîtres. Nos institutions et notre système économique suffisent à cette grande œuvre ; le gouvernement y trouvera les principaux éléments de toutes les
améliorations, et, sans froisser les droits de personne, il arrivera gra-

duellement à une transformation qu'on demande aujourd'hui en vain à des moyens violents ou à des combinaisons qui, dans la pratique, ne sont pas même arrivées à la forme embryonaire.

THÉODORE FIX.

EXTRAIT DU *Journal des Économistes*,
Cahier de décembre 1844.